氢能技术丛书

张久俊　王亚雄　丛书主编

燃料电池客车动力系统技术

李飞强　方川　张国强　等著

化学工业出版社

·北京·

内容简介

《燃料电池客车动力系统技术》紧密结合国家能源创新战略和现代化能源科技发展需求，内容涵盖燃料电池客车动力系统的设计原理、关键技术、系统集成以及实际应用案例等多个方面，学术性与实用性并重。书中通过丰富的图表、模型及案例分析，既深入剖析相关技术原理，又注重实际应用场景的探索，尤其在燃料电池客车动力系统的设计和开发方面为新能源汽车领域的专业人士提供有力的参考。

本书可供燃料电池汽车动力系统设计和开发领域专业人士学习和参考，也可作为高等院校相关专业研究生和高年级本科生的教材。

图书在版编目（CIP）数据

燃料电池客车动力系统技术 / 李飞强等著. -- 北京：化学工业出版社，2024.10. --（氢能技术丛书）.
ISBN 978-7-122-46664-8

Ⅰ. U469.72

中国国家版本馆 CIP 数据核字第 2024X6K009 号

责任编辑：成荣霞　　　　　　装帧设计：关　飞
责任校对：赵懿桐

出版发行：化学工业出版社
　　　　（北京市东城区青年湖南街 13 号　邮政编码 100011）
印　　装：北京建宏印刷有限公司
710mm×1000mm　1/16　印张 14　字数 226 千字
2025 年 4 月北京第 1 版第 1 次印刷

购书咨询：010-64518888　　　　售后服务：010-64518899
网　　址：http://www.cip.com.cn

凡购买本书，如有缺损质量问题，本社销售中心负责调换。

定　　价：128.00 元　　　　　　　　　版权所有　违者必究

序

面对汽车工业百年未有之大变局,中国汽车强国之路面临前所未有的机遇与挑战。在清洁环保永续发展的时代背景下,电动化、智能化、共享化是汽车技术变革的强音。中国新能源汽车产业已经建立一定先发优势和规模优势。其中氢能燃料电池技术得益于其清洁环保、高效率、燃料加注迅速等优点,在可见的未来将是极具应用前景的交通工具电动化能源方式之一,截至 2023 年底,全球超 44 个国家和地区发布了氢能发展战略,覆盖全球超 80％的 GDP,随着全球氢能应用不断扩大,各类氢能产品的数量逐步提升。

燃料电池汽车作为我国新能源汽车发展战略中非常重要的一环,《新能源汽车产业发展规划(2021—2035 年)》《2030 年前碳达峰行动方案》《关于开展燃料电池汽车示范应用的通知》等在内的 50 多个国家政策,《北京市氢燃料电池汽车产业发展规划》《上海市氢能产业发展中长期规划》《山东省氢能产业发展中长期规划》等在内的 100 多个地方政策的出台均为产业发展营造了良好的环境。2022 年国家颁布了《氢能产业发展中长期规划(2021—2035 年)》,强调氢能是国家未来能源体系的重要组成部分,是实现绿色低碳转型的重要载体,是战略性新兴产业和未来产业重点发展方向。2024 年国务院《政府工作报告》中指出加快氢能产业发展,这是中央在全国年度经济发展规划方面首次提及,说明发展氢能是实现国家"双碳"目标的主力军,是培育和发展新质生产力的战略选择。

由工业和信息化部委托,中国汽车工程学会组织逾 500 名行业专家研究编制的《节能与新能源汽车技术路线图》中,预测 2030—2035 年,我国燃料电池汽车保有量将达到 100 万辆,商用车实现氢动力转型。在这蓬勃发展的市场需求背后,是燃料电池汽车动力系统复杂的技术挑战和我国在燃料电池汽车相关专业领域巨大的人才缺口。这就为我们教育工作者和科研工作者提出了命题,如何让更多的相关研究人员、技术人员系统地熟悉并掌握燃料电池汽车动力系统设计方法、流程,以便更好地推进车用燃料电池技术市场化进程。

在技术实现方面,我国率先采用了燃料电池-动力电池混合型动力系统。可以自豪地讲,这种"电-电"混合型动力系统是中国特色技术路线。目前的燃料电池汽车不是纯燃料电池的汽车,而是燃料电池与动力电池混合使用,并且其中动力电池的占比还比较大,今后将逐渐减少动力电池的比例,最终转向全功率燃料电池汽车。而正是由于燃料电池和动力电池不同于传统内燃机驱动的物理化学特性以及控制机理,使得燃料电池汽车动力系统开发的技术门槛较高。

由教授级高级工程师李飞强博士领衔撰写的《燃料电池客车动力系统技术》一书结合作者长期从事燃料电池汽车研发的丰富经验,介绍了燃料电池客车动力系统的基础理论知识、系统集成、控制技术、耐久性试验、整车匹配与集成、节能技术、安全技术以及硬件在环仿真试验等多个关键技术领域,有着作者独到的见解,并形成了一套完整的理论体系。该书既有理论深度,又有很强的实用价值,书中还提供了丰富的图表、模型和案例分析,以及对燃料电池客车未来发展的展望,可供燃料电池汽车动力系统设计和开发领域专业人士学习和参考,也可作为高等院校相关专业研究生和高年级本科生教材。书中内容深入浅出,便于相关专业人士学习理解。

欧阳明高
中国科学院院士
新能源动力系统与交通电动化专家
清华大学学术委员会副主任
清华大学教授
2024 年 8 月

前言

氢能燃料电池产业科技含量高、产业链带动能力强，在构建现代化产业体系、促进能源转型、保障能源安全、形成新质生产力等方面具有重要作用。为助力实现"双碳"目标，2022年3月，国家发改委和能源局发布《氢能产业发展中长期规划（2021—2035年）》，确定了氢能是未来国家能源体系的重要组成部分。2024年4月，十四届全国人大常委会第九次会议审议了《中华人民共和国能源法（草案）》，氢能纳入能源体系。《燃料电池客车动力系统技术》正是在这样的大背景下应运而生，旨在为我国氢能技术与产业的高质量发展提供学术指导和实践参考。

当前，我国正处在能源转型的关键时期，氢能作为一种清洁、高效的能源形式，对于构建清洁低碳、安全高效的能源体系具有不可替代的作用。本书聚焦于燃料电池技术领域，尤其是燃料电池客车动力系统的相关技术，以期为推动燃料电池汽车在商用车领域的广泛应用提供强有力的技术支持。

本书的编写目的是深入剖析燃料电池客车动力系统的设计原理，探索其在实际应用场景中的潜力与挑战，同时结合国家能源创新战略和现代化能源科技发展需求，为新能源汽车开发领域的相关专业人士提供参考。本书不仅注重理论的深度，更强调实践的广度，力求在学术性与实用性之间找到平衡。

本书作者李飞强博士师从著名汽车动力系统专家中国科学院欧阳明高院士，具有扎实的学术功底和丰富的实践经验，在燃料电池技术领域带领技术团队攻克了多项关键技术难题。

本书编著过程中，李飞强博士负责整体架构的设计和技术路线的规划，李飞强和张国强负责第1章的撰写，方川、高云庆和董志亮负责第2章的撰写，方川、赵兴旺和郭迪负责第3章的撰写，曹季冬和罗凡负责第4章的撰写，高云庆负责第5章的撰写，张龙海负责第6章的撰写，司耀辉负责第7章的撰写，周宝、高云庆和董志亮负责第 8 章的撰写，孟德水和曾升负责第 9 章的撰写，周宝负责第 10 章的撰写。还邀请了多位在燃料电池技术领域有深入研究的专家学者参与审稿，确保了内容的专业性和权威性。此外，本书的编写得到了化学工业出版社的大力支持，福州大学等其他机构专家给予了宝贵的意见。在此对所有参与本书编写和提供帮助的个人和机构表示衷心的感谢。

本书在编著过程中力求科学准确，但由于燃料电池技术发展迅速，书中不妥之处在所难免，恳请广大读者批评指正。

著者

2024 年于北京市海淀区

目录

第1章 绪论 ·· 001

1.1 氢能与氢燃料电池发展现状及展望 ······························ 003
- 1.1.1 欧盟发展现状及规划 ·· 004
- 1.1.2 美国发展现状及规划 ·· 005
- 1.1.3 日本发展现状及规划 ·· 007
- 1.1.4 韩国发展现状及规划 ·· 008
- 1.1.5 中国发展现状及规划 ·· 009

1.2 燃料电池发动机控制方法 ··· 013
- 1.2.1 空气子系统控制 ·· 013
- 1.2.2 氢气子系统控制 ·· 014
- 1.2.3 电堆水含量监控及闭环控制 ···································· 014

1.3 燃料电池客车动力系统及控制技术研究现状 ··················· 015

参考文献 ··· 019

第2章 燃料电池系统集成设计 ··· 021

- 2.1 系统整体架构 ··· 023
- 2.2 电堆模块集成方案设计 ·· 026
- 2.3 空气子系统附件集成方案设计 ·· 035
- 2.4 氢气子系统附件集成方案设计 ·· 037
- 2.5 冷却子系统附件集成方案设计 ·· 038
- 2.6 燃料电池系统总体集成方案设计 ····································· 040

参考文献 ··· 041

第3章 燃料电池系统控制技术 ········· 043

3.1 氢气压力自学习闭环控制方法研究 ········· 045
3.1.1 氢气子系统建模 ········· 046
3.1.2 自学习闭环控制算法设计 ········· 048
3.1.3 自学习闭环控制算法验证 ········· 050

3.2 空气流量压力解耦闭环控制方法研究 ········· 051
3.2.1 空气子系统建模 ········· 051
3.2.2 解耦控制算法设计 ········· 056
3.2.3 解耦控制算法验证 ········· 057

3.3 电堆水含量状态观测与闭环控制研究 ········· 059
3.3.1 水含量状态观测与闭环控制技术路线 ········· 060
3.3.2 氢气瞬时流量估计 ········· 060
3.3.3 阳极排放水浓度估计 ········· 062
3.3.4 阴极排放水浓度估计 ········· 069
3.3.5 水含量闭环控制算法设计与试验验证 ········· 073

参考文献 ········· 074

第4章 燃料电池系统耐久性试验研究 ········· 075

4.1 耐久测试台架 ········· 077
4.2 耐久测试工况 ········· 078
4.3 耐久测试结果讨论 ········· 079
4.4 耐久测试总结 ········· 100

参考文献 ········· 101

第5章 燃料电池客车动力系统匹配与集成 ········· 103

5.1 燃料电池客车动力系统构型 ········· 105
5.2 燃料电池客车动力系统匹配技术 ········· 106
5.3 燃料电池城市客车动力系统建模 ········· 108
5.3.1 燃料电池动态模型 ········· 108
5.3.2 DC/DC模型 ········· 113
5.3.3 动力电池模型 ········· 115

5.3.4 电机模型	116
5.3.5 整车控制算法模型	117
5.3.6 司机及整车动力学模型	118
5.4 总结与展望	119
参考文献	119

第6章 燃料电池城市客车动力系统集成及控制策略研究 — 121

6.1 系统集成总体设计方案	123
6.2 高低压系统集成	124
6.2.1 高低压系统构型	124
6.2.2 预充电路	124
6.3 动力系统控制策略及控制算法	125
6.3.1 基于实时操作系统 OSEK 的软件结构	125
6.3.2 Matlab/Simulink 自动代码生成	128
6.3.3 基于 Matlab/Simulink 的整车控制算法	128
6.3.4 主体程序	129
6.4 总结与展望	143
参考文献	144

第7章 燃料电池城市客车整车控制与节能技术研究 — 145

7.1 整车控制技术	147
7.1.1 整车动力系统网络结构	147
7.1.2 整车能量管理控制策略开发	148
7.1.3 整车能域解耦设计	149
7.2 整车节能技术	150
7.2.1 制动能量回收控制技术	150
7.2.2 高效电机系统开发	152
7.2.3 高效电机控制技术	152
7.2.4 高效电动化附件	156
7.3 总结与展望	158
参考文献	159

第 8 章　燃料电池城市客车整车集成与安全技术研究 …………… 161

8.1　整车集成技术 ………………………………………………… 163
8.1.1　整车总布置 ………………………………………… 163
8.1.2　高压集成设计 ……………………………………… 164

8.2　整车模块化技术 ……………………………………………… 165
8.2.1　动力电池模块化设计 ……………………………… 165
8.2.2　燃料电池系统模块化设计 ………………………… 166
8.2.3　氢系统模块化设计 ………………………………… 166

8.3　氢-电-结构耦合安全技术 …………………………………… 167
8.3.1　整车氢安全 ………………………………………… 167
8.3.2　整车电安全 ………………………………………… 169
8.3.3　整车结构安全 ……………………………………… 171
8.3.4　氢-电-结构耦合安全设计 ………………………… 173

8.4　总结与展望 …………………………………………………… 174

参考文献 ……………………………………………………………… 174

第 9 章　燃料电池城市客车硬件在环仿真试验及台架测试 ………… 175

9.1　燃料电池城市客车硬件在环仿真试验 ……………………… 177

9.2　动力系统台架测试 …………………………………………… 180
9.2.1　高低压系统上电逻辑调试 ………………………… 181
9.2.2　预充电上电逻辑调试 ……………………………… 181
9.2.3　高低压系统的绝缘耐压测试 ……………………… 183

9.3　燃料电池系统测试 …………………………………………… 184
9.3.1　燃料电池系统试验室建设 ………………………… 184
9.3.2　燃料电池系统测试 ………………………………… 184

9.4　整车动力系统测试 …………………………………………… 186

9.5　总结与展望 …………………………………………………… 188

参考文献 ……………………………………………………………… 189

第 10 章　燃料电池城市客车整车测试验证及示范运行 ……………… 191

10.1　整车性能测试 ………………………………………………… 193

  10.1.1 整车氢系统气密性 …………………………………… 193
  10.1.2 整车电平衡测试 ………………………………………… 193
10.2 远程监控系统 ……………………………………………………… 194
  10.2.1 监控平台总体架构 ……………………………………… 194
  10.2.2 数据采集和分析管理 …………………………………… 195
  10.2.3 数据挖掘 ………………………………………………… 196
  10.2.4 远程诊断功能 …………………………………………… 196
10.3 示范运行 …………………………………………………………… 197
  10.3.1 运行车辆及运行路线 …………………………………… 197
  10.3.2 加氢方案 ………………………………………………… 200
  10.3.3 示范效果 ………………………………………………… 201
  10.3.4 动力系统分析与验证 …………………………………… 201
  10.3.5 燃料电池寿命分析 ……………………………………… 203
  10.3.6 示范运行综合效益分析 ………………………………… 205
10.4 总结与展望 ………………………………………………………… 206
参考文献 …………………………………………………………………… 206

索引 …………………………………………………………………… **208**

第1章
绪 论

1.1 氢能与氢燃料电池发展现状及展望

氢是地球的重要组成元素,氢能实质是氢在物理与化学变化过程中释放的能量,可用于储能、发电、各种交通工具及家用能源等领域。氢气通过燃料电池与空气中的氧气发生电化学反应,产物只有水,没有传统能源利用所产生的污染物及碳排放。燃料电池是氢能高效利用的重要途径,在燃料电池中,氢气与氧气反应生成水的同时,将化学能转化为电能和热能,该过程不受卡诺循环效应的限制,理论效率可达 90% 以上,具有很高的经济性。燃料电池的应用场景丰富,如汽车、轨道交通、船舶等领域,可降低交通对石油和天然气等化石燃料的依存度,减少碳排放;还可以应用于分布式发电,为家庭住宅、商业建筑等供电供暖。

氢燃料电池发动机是由电堆、氢气供给循环系统、空气供给系统、水热管理系统、电控系统组成,并由以上各系统协调工作产生电能的系统。电堆包括双极板、密封圈、膜电极和端板,其中膜电极包括质子交换膜、催化剂层和气体扩散层。氢燃料电池系统的重要附件有空压机、增湿器、氢循环系统和 DC/DC(直流-直流变换器)。在燃料电池产业链中,燃料电池发动机位于产业链的核心,对产业的发展起着至关重要的作用。

目前燃料电池相关技术已由实验室小批量研发测试阶段,成功转为商业化应用初级阶段,市场规模及应用领域逐步扩大。从各国规划来看,各国普遍将氢燃料电池汽车作为产业发展的突破口。据不完全统计,截至 2019 年 12 月底全球氢燃料电池汽车规模超过 2 万辆,在乘用车领域日本、韩国为主力军,2019 年年销量超过 7500 辆,在商用车领域由中国领军,2019 年销量 2737 辆,同比增长 79%。同时中国、德国、俄罗斯等国在轨道交通领域进行氢燃料电池有轨机车的示范应用。未来燃料电池将逐步替代传统内燃机,覆盖海、陆、空、天多领域的交通工具,同时在固定式发电、建筑热电联供等多领域发挥重要作用,推动世界能源转型。

随着全球能源消费结构向低碳化转型加快,氢能作为清洁的二次能源再次受到各方关注。日本、美国、欧盟、韩国等国家和地区结合自身资源特点和产业技术现状,逐步明确氢能源在国家能源体系中的定位,制定多样化的氢能及燃料电池产业相关政策,引导氢能及燃料电池产业健康发展,如表 1-1 所示。

目前,虽然全球氢能产业发展提速、前景广阔,但受经济性、耐久性和基础设施等因素制约,氢能及燃料电池产业仍处于产业化初期。

表1-1 氢能及燃料电池产业规划

国家/地区	发展战略/路线图	管理机构
欧盟	《欧洲氢能路线图:欧洲能源转型的可持续发展路径》	欧洲燃料电池和氢能联合组织(FCH-JU)
美国	《清洁氢能的商业化起飞路径》《美国国家清洁氢能战略路线图》	美国能源部(DOE) 能效和可再生能源办公室(EERE)下设立的燃料电池技术办公室
日本	《氢能与燃料电池路线图》《氢能基本战略》	日本经济产业省(METI) 氢能与燃料电池战略协议会 日本新能源产业技术综合开发机构
韩国	《氢能经济发展路线图》《促进氢经济和氢安全管理法》	产业通商资源部 氢能经济促进委员会 国家氢能与燃料电池研发组织
中国	《节能与新能源汽车技术路线图》	工业和信息化部 中国汽车工程学会 节能与新能源汽车技术路线图战略咨询委员会

1.1.1 欧盟发展现状及规划

欧洲是新能源发展的起源地,也一直是全球低碳经济的领头羊。如今,欧盟在节能减排、发展清洁能源、发展高新技术产业、教育和培训等方面大规模投入,将低碳产业培育成未来的经济支柱。

欧盟在2003年发布了《欧洲未来氢能图景》,并制定了《欧盟氢能发展路线图》。这些都有力地推动了燃料电池汽车在欧盟的研发和产业化,增强了其汽车工业的技术竞争力。2019年2月,欧洲燃料电池和氢能联合组织(FCH-JU)发布了《欧洲氢能路线图:欧洲能源转型的可持续发展路径》(以下简称路线图)。该路线图提出了在欧盟实现能源转换需要大量氢的相关信息及工作,氢能使可再生能源的大规模整合成为可能,可用于跨部门和区域的能源分配,并作为可再生能源的缓冲区。氢能为电力、交通、建筑和工业部门提供了一种脱碳方法。

路线图明确了氢是运输、工业和建筑中选定部分规模脱碳的最佳(或唯一）选择。氢将在向可再生能源过渡过程中发挥系统性作用，灵活地跨部门、跨时间和跨地点转移能源。欧盟的能源转型几乎需要完全脱碳发电，这意味着需要将可再生能源整合到电网中。向氢的转变符合客户对便利性的要求。这也是最为关键的，在运输过程中，氢燃料电池汽车加氢速度与燃油车加油速度基本相同。

路线图也提出了未来氢能在交通运输方面的目标。到2030年，燃料电池电动汽车（FCEV）的销量将占到1/22，轻型商用车（LCV）的销量将占到1/12，从而形成了370万辆燃料电池乘用车和50万辆燃料电池LCV的车辆规模。此外，到2030年，大约45000辆燃料电池卡车和公共汽车将上路，燃料电池列车也可以替代大约570辆柴油列车。

2018年，法国高速列车TGV制造商阿尔斯通集团（Alstom）向德国交付了两辆由燃料电池驱动的Coradia iLint火车，未来将会有更多使用燃料电池驱动的火车在法国和英国投入运营。2019年，奔驰GLC F-CELL车型正式亮相，是奔驰首款氢燃料电池汽车，最大续航里程达到437km。动力方面，奔驰GLC F-CELL搭载了13.8kW·h的电池组，纯电续航里程为49km，同时，该车还搭载了两个碳纤维储氢罐，可储存4.4kg氢气，发电后最大续航将达到437km，储氢罐充满将耗时约3min。2019年，雷诺汽车推出了两款带有燃料电池增程器的电动商用车，分别为Kangoo-ZE-Hydrogen及Master-ZE-Hydrogen。利用燃料电池增程器，这两款商用车的续航里程分别为370km和350km（WLTP工况）。雷诺的这两款车本身配有33kW·h的电池组，在此基础上增加了一个功率为10kW的燃料电池增程器来提高车辆的续航里程。雷诺的燃料电池技术是由米其林的子公司Symbio开发并提供，新车可以在5~10min内加满氢。

1.1.2　美国发展现状及规划

2012年至今，美国共销售18000辆左右的燃料电池汽车，是当下燃料电池汽车保有量最高的国家。2017年，美国年均销售量达到2500辆。2019年，美国销售了2089辆燃料电池汽车，相比2018年的2368辆，销量下降了12%。

康明斯在2019年亚特兰大举行的北美商用车展上展出了一款燃料电池示范卡车。该卡车由康明斯设计和集成，设计了90kW燃料电池，可按30kW或45kW的增量扩展至180kW，并具有100kW·h锂离子电池容量，续航里程为

240～400km。尼古拉与挪威制氢设备企业 Nel 合作，计划从啤酒制造商 Anheuser-Busch 开始，建设并运营一个沿高速公路的加氢站网络。尼古拉公司于 2023 年生产了 42 辆氢燃料电池电动汽车，并交付了 35 辆给美国和加拿大的客户，车辆使用模块化设计，兼容电池电动和燃料电池电动系统，增强了产品适应性和市场竞争力。该卡车设计续航里程为 800～1600km，最大输出功率 735.5kW。通用汽车推出首个氢燃料电池卡车平台——SURUS，该平台配有氢燃料电池系统，最大可以提供 645km 的续航里程，并配有自动驾驶技术，新平台主要用于商用车、卡车的改装和定制生产。通用汽车称，SURUS 平台由一套氢燃料电池系统提供动力，该系统为每根车轴上的电动机提供电力，这个平台还有一个辅助的锂离子电池组。另外，由于燃料电池、电动机、储氢罐和电池都可以安装在货物地板下面，因此 SURUS 平台具有低重心的特性，比普通卡车有着更高的灵活性。

2019 年美国出台了多项氢能及燃料电池相关政策，除继续对产业保持税收优惠外，新的法案有望对储氢、中重型应用等环节予以新的激励。美国拥有全球最大的燃料电池汽车消费市场、最大的液氢市场、最长的输氢管道，但美国燃料电池发电规模已被韩国超越，位居第二；在营加氢站数量全球第三。

2019 年，美国启动《可再生能源组合标准》《可再生能源扩展法案》等几项对氢能和燃料电池市场持续增长至关重要的政策，恢复并延长对交通运输和固定燃料电池应用的税收优惠。其中，《可再生能源组合标准》第 30B 条将燃料电池汽车的消费者信贷恢复为十年，《可再生能源扩展法案》第 48 条将燃料电池系统的投资税收抵免（ITC）延长五年，包括用于物料搬运和固定动力设备的清洁能源技术。《绿色法案》延长现有的氢和燃料电池的信用额度，并对氢能储存、中型和重型商用车以及燃料电池系统的制造提供新的奖励。

2019 年，美国还出台了加速现有氢能和燃料电池的应用，同时拓展新的应用领域的政策法案。比如，《2019 年清洁绿色校车法案》《2019 年美国能源机会法案》《2019 年蓝领到绿领就业发展法案》《2019 年美国交通基础设施法案》。

2019 年，麦肯锡以及其他燃料电池和氢气公司组成的联盟共同制定了《美国国家清洁氢能战略路线图》，详细介绍了美国如何通过决策者和工业界共同努力扩大在全球能源领域的领导地位。同时还指出，氢能对于实现低碳能源结构至关重要，到 2030 年将每年创造 1400 亿美元的收入和 70 万个工作岗位；到 2050 年，氢能每年将带来 7500 亿美元的收入和 340 万个工作岗位，满足美国能源需求的14%。

1.1.3 日本发展现状及规划

日本从1973年开展氢能生产、储运和利用相关技术研究，并为其提供财政支持。2013年5月，《日本再复兴战略》把发展氢能提升为国策。2014年，日本第四期《能源基本计划》将氢能定位为与电力和热能并列的核心二次能源，提出建设"氢能社会"。2014年6月发布的《氢能与燃料电池路线图》，制定了"三步走"发展计划，并于2016年、2019年进行了两次修订，明确了具体的发展路线，同时制定了"氢/燃料电池战略技术发展战略"。

日本不断完善战略规划、路线图和政策法规，引导政府部门、企业和研究机构大力推进氢能发展利用。为推进氢能产业发展，日本政府制定相应支持政策，对加氢站建设、家庭用燃料电池系统、燃料电池以及购买燃料电池车的消费者持续进行补贴。

2017年，日本《氢能基本战略》将氢能作为重要的二次能源进行示范应用，提出到2030年实现氢燃料电池发电商业化，建立大规模氢能供给系统；2050年全面普及氢燃料电池汽车，建成零碳氢燃料供给系统；鼓励家用燃料电池消费。

2019年，日本经济产业省修订的《氢能与燃料电池路线图》指出，到2050年，希望将氢的生产成本至少降低90%，使其比天然气更便宜；提升利用褐煤气化产氢效率，以降低成本；开发低铂含量催化剂、非铂催化剂；开发低电阻率、高孔隙率的气体扩散层，提高气体扩散性；开发低成本、高耐久性隔膜等，进一步细化和降低成本目标值。

2019年，丰田Mirai销量2407辆，比2017年减少200多辆，氢燃料电池出货量为245MW。在2019年东京车展上展出了第二代Mirai的概念车，其续航可达650km，百公里加速10s，最大速度160km/h，燃料电池堆功率114kW，储氢5kg。

作为全球最早研发燃料电池的汽车生产商之一，本田汽车公司从20世纪80年代后期开始着手燃料电池的研发工作，自1999年开始进行燃料电池车用实验工作。目前，本田公司旗下最新燃料电池汽车FCV Clarity所搭载的电堆体积功率密度约为3.1kW/L，达到全球领先水平。其百公里加速10s，最大速度161km/h，续航里程750km，燃料电池堆功率100kW，氢燃料加注时间约3min。

1.1.4 韩国发展现状及规划

2018年2月，现代汽车推出了其最新的燃料电池乘用车NEXO，它配备了三个氢燃料箱，动力系统能输出120kW的最大功率，百公里加速时间不足10s，加氢时间5min，NEDC工况续航里程高达800km。

2019年4月，现代汽车与在瑞士生产和供应可再生氢能源的公司H2Energy签署合作协议书，双方合资成立一家名为Hyundai Hydrogen Mobility的企业。企业成立目的是促使现代汽车从2019～2025年陆续向瑞士以及其他欧洲国家交付1600辆燃料电池重型卡车。现代汽车预计将从瑞士开始，顺利进入欧洲燃料电池卡车市场。设计车辆并列搭载了两个190kW级新型氢燃料电池系统和7个大型氢气罐，一次可充35kg的氢气，行驶里程可达400km。

2019年9月，现代汽车与拥有先进电动动力总成技术的美国康明斯公司签署了一份谅解备忘录，两家公司将共同进行电动及燃料电池动力总成的开发和市场化。

2019年10月，现代汽车公司在亚特兰大举行的北美商用车展上推出了氢燃料电池卡车和拖车组合HDC-6Neptune重型概念卡车，并表示正在考虑进入美国商用车市场。

2020年，现代汽车与韩国丽水光阳港务局签署了发展氢卡车生态系统的谅解备忘录。双方协议，现代汽车将在2023年之前开发两辆用于物流目的的氢燃料电池卡车，并在第二年再开发10辆。设计车辆续航里程约320km。

2019年，现代NEXO氢燃料电池汽车销量为4818辆，氢燃料电池汽车销量跃居全球第一。与氢燃料电池汽车出货量相匹配的是氢燃料电池出货量，2019年韩国氢燃料电池出货量为408MW，超过美国（382MW）和日本（245MW），而中国氢燃料电池出货量为128MW。

韩国现代汽车并不只满足于在氢燃料电池乘用车销量上的领先，2020年进军中国氢燃料电池商用车市场。现代汽车在中国四川工厂生产氢燃料整车，进行本土化的研发，加深与中国合作伙伴的合作，进行氢燃料的资源互补，并通过租赁的模式进行运营和落地，现代汽车将在2030年完成在中国投放1000辆氢燃料汽车的计划。

2019年，韩国政府提出了一项发展氢能经济的新计划《氢能经济发展路线图》，包括大幅提升燃料电池车数量，增加制氢厂、加氢站、输气管道在内的氢能设施。根据规划，到 2025 年，燃料电池汽车有望上升到 10 万辆；到 2040 年，氢燃料电池汽车产量将大幅增加到 620 万辆，其中 330 万辆用于出口。2019 年，韩国在《氢能经济发展路线图》指引下，顶住江陵氢气爆炸事故和日本与韩国贸易摩擦的压力，有效、持续推进氢经济的发展，实现了燃料电池汽车销量和燃料电池发电装机全球第一，新建加氢站数量全球第三的佳绩。

2020 年 2 月，韩国率先发布全球首个《促进氢经济和氢安全管理法》，以促进基于安全的氢经济建设。《促进氢经济和氢安全管理法》的颁布将为促进以氢为主要能源的氢经济实施奠定基础，系统、有效地促进氢工业发展，为氢能供应和氢设施的安全管理提供必要的支持，促进国民经济的发展，并为国民的安全作出贡献。

推进氢经济和加强氢安全看似矛盾，实则互补，其最终目的是实现氢能产业健康可持续发展。从宏观而言，《促进氢经济和氢安全管理法》的颁布将使韩国氢能发展战略免受政府换届的影响，为政府促进氢工业发展与市场投资和技术创新打造了稳定的对话平台。从产业而言，《促进氢经济和氢安全管理法》的颁布，将明确政府对氢能产业和氢能企业的行政和财政支持，包括对氢能企业的培育、援助、人才培养、产品标准化等产业基础事项奠定法律基础；同时弥补了《高压气体法》和《燃气法》的不足，为电解水制氢等低压氢气设备及氢燃料使用设施的安全管理提供了法律依据。以《促进氢经济和氢安全管理法》的制定为契机，韩国民间领域的投资将更加活跃，各级政府可通过财政预算以及专设机构，积极、系统推进建立氢气生产基地及加氢站等氢能产业基础设施。

1.1.5　中国发展现状及规划

2023 年，我国共销售氢燃料电池汽车 5791 辆，同比增长 72%，中国氢燃料电池汽车保有量超过 18000 辆，氢燃料电池产业步入商业化初期。目前，我国已有 17 个省份进行氢燃料电池汽车商业化运营，其中广东、上海累计投放量过千。在售车辆以中型货车及大中型公交车为主，氢燃料电池重卡仍在研发验证阶段，但已取得阶段性成绩。

截至 2024 年 1 月底，北京已有 2000 多台氢燃料电池汽车投入商业化示范运营，运营车辆以大中型客车为主，包括公交车、团体班车等，团体车主要为央企、高校提供通勤服务，同时为世界园艺博览会、中国电动汽车百人会等重大活动提供摆渡服务。2022年冬季奥林匹克运动会和冬季残疾人奥林匹克运动会，使用氢燃料电池汽车超1000辆，是世界上首次实现最大规模的氢燃料电池汽车应用，为赛事提供了交通服务保障。

上汽大通汽车有限公司燃料电池轻型客车产品在上海等国内3座城市率先实现商业化批量运营；2018年9月27日，上海首条燃料电池公交线路正式上线，投入嘉定114线路运营。2019年1月燃料电池客车交付上海奉贤巴士示范运营。截至2022年10月底，上海氢燃料电池汽车市场规模接近2200辆，主要以中型货车及轻型客车为主。

河南郑州氢燃料电池汽车示范运营项目虽起步晚但发展快，2018年8～12月，郑州在727线路陆续投放23辆氢燃料电池公交车运营，截至2022年底，郑州市累计推广氢燃料电池汽车1358辆，其中主要包括公交车、货车等多种车型。2022年底郑州市公交车数量达到323台，这些车在2022年的纯氢运营里程总计达到了423公里。

河北张家口是河北氢能产业发展的先行城市，张家口市依托丰富的可再生能源优势，紧抓京津冀协同发展、2022年冬季奥林匹克运动会举办等历史机遇，全面布局氢能产业，已率先迈入氢能源公交时代。截至2024年3月，张家口市氢燃料电池汽车保有量为1212辆，包括氢燃料电池客车444辆、物流车725辆、牵引车3辆、仓栅车40辆，其中氢燃料电池公交车累计载客量超过1亿人次，安全运行超过3600万公里，并且已经历了低温、高海拔、全天候、多工况运营环境的考验。与此同时，张家口市不断加快加氢站建设，目前，一座日加氢1900kg加氢站已投入使用，多个风电制氢项目即将投运，张家口已建立了集制氢、加氢、氢能装备制造及氢燃料电池汽车应用于一体的完整氢能产业生态链。

2018年9月28日，武汉泰歌氢能汽车有限公司和武汉开沃新能源汽车有限公司联合研制的首批氢燃料电池动力公交车，在东湖新技术开发区359线路试运行，同时由武汉中极氢能源发展有限公司承建的日加氢能力300kg的武汉首座加氢站启用，这标志着武汉市氢燃料电池动力公交车正式进入商业化示范运行阶段，武汉氢能产业正式向市场化发展的新阶段迈进。截至2023年10月，武汉氢燃料电池汽车保有量已有489台，建成加氢站3座（全省建成加氢站5座，其中武汉3座，襄阳1座，十堰1座）。

2018年由中国东方电气集团有限公司和成都客车股份有限公司联合制造的10辆氢燃料电池公交车在成都公交线路载客运行。截至2019年12月底，已安全运行超10万公里。2019年7月由北京亿华通科技股份有限公司与中植新能源汽车有限公司联合打造的20辆氢燃料电池公交车交付成都龙泉驿区公交公司。截至2024年7月底，四川氢燃料电池汽车累计销售超440辆，全部集中在成都。

2019年3月，山东省首批30台由中通客车控股股份有限公司生产的9m氢燃料客车交付潍坊，搭载潍柴控股集团有限公司研发的燃料电池发动机，开启山东省氢燃料电池汽车商业化示范运营之旅。截至2024年7月底，山东省累计投入超2000辆氢燃料电池汽车进行商业化运营。

2018年随着大同市政府与大同经济技术开发区瑞鼎新能源汽车销售有限公司和大同氢雄云鼎氢能科技有限公司相关协议的签署，山西省首个氢燃料电池公交示范运营项目暨山西省首个加氢站建设启动。随后40台氢燃料电池公交车全部上牌，交付大同市公交运营，这是山西省首批氢燃料电池公交车的上线。2019年山西省大同、长治、太原等城市继续新增氢燃料电池汽车，截至2019年12月底，山西省已有77辆氢燃料电池汽车投入商业化运营。

中国在国家层面已经出台了多项氢能专项政策，以推动氢能产业的发展和应用。2018～2019年，科技部实施2018年度和2019年度"可再生能源与氢能技术"重点专项，推进氢能技术发展及产业化。2019年"推动充电、加氢等设施建设"首次写入国务院《政府工作报告》。2020年4月，财政部、工业和信息化部、科技部和发展和改革委员会联合发布《关于完善新能源汽车推广应用财政补贴政策的通知》，明确将当前对燃料电池汽车的购置补贴，调整为选择有基础、有积极性、有特色的城市或区域，重点围绕关键零部件的技术攻关和产业化应用开展示范，中央财政将采取"以奖代补"方式对示范城市给予奖励。截至2024年，国家级氢能相关政策见表1-2。

表1-2 2019年以来的国家级氢能相关政策

序号	文件名称	颁布日期	主要内容
1	柴油货车污染治理攻坚战行动计划	2019.1.4	鼓励各地组织开展燃料电池货车示范运营，建设一批加氢示范站
2	鼓励外商产业投资目录（征求意见稿）	2019.2.1	从上游的氢气制、储、运，中游的加氢站、燃料电池系统，到下游的新能源汽车，氢能与燃料电池全产业链均纳入了鼓励外商投资的范围

续表

序号	文件名称	颁布日期	主要内容
3	绿色产业指导目录	2019.3.6	燃料电池装备制造、氢能利用设施建设和运营等两个项目进入清洁能源产业
4	政府工作报告	2019.3.16	氢能首次被写入政府工作报告。继续执行新能源汽车购置优惠政策，推动充电、加氢等基础设施建设
5	关于进一步完善新能源汽车推广应用财政补贴政策的通知	2019.3.26	过渡期期间销售上牌的燃料电池汽车按2018年对应标准的0.8倍补贴。燃料电池汽车和新能源公交车补贴政策另行公布
6	产业结构调整指导目录	2019.4.8	高效制氢、运氢及高密度储氢技术开发应用及设备制造加氢站等内容被列入第一类（鼓励类）的第五项（新能源）
7	2019年新能源汽车标准化工作要点	2019.5.15	要加快燃料电池电动汽车等标准建设，完成燃料电池电动汽车安全标准的技术审核，完成燃料电池电动汽车定型试验规程标准的技术审查，加快车载氢系统标准修订
8	交通强国建设纲要	2019.9.19	加强充电、加氢、加气和公交站点等设施建设
9	关于推动先进制造业和现代服务业深度融合发展的实施意见	2019.11.15	推动氢能产业创新、集聚发展，完善氢能制备、储运、加注等设施和服务
10	中华人民共和国能源法（征求意见稿）	2020.4.10	首次将氢能列入能源范畴
11	关于完善新能源汽车推广应用财政补贴政策的通知	2020.4.23	选择有基础、有积极性、有特色的城市或区域，重点围绕关键零部件的技术攻关和产业化应用开展示范，中央财政将采取"以奖代补"方式对示范城市给予奖励
12	氢能产业发展中长期规划（2021—2035年）	2022.3.23	明确了氢能作为未来国家能源体系的重要组成部分，并提出了氢能产业发展的基本原则和各阶段目标
13	氢能产业标准体系建设指南（2023版）	2023.7.19	构建氢能制、储、输、用全产业链标准体系，以促进氢能产业高质量发展

1.2 燃料电池发动机控制方法

燃料电池发动机是一个包含多时间尺度多空间尺度多物理场的系统，其中需要控制介入的方面包括时间常数为微秒级的电力电子控制、时间常数为毫秒级的空气子系统及氢气子系统控制、时间常数为秒级的冷却子系统控制、时间常数为分钟级的水含量控制[1]，本节主要介绍各研究者在空气子系统控制、氢气子系统控制和水含量控制方面相关的工作。

1.2.1 空气子系统控制

燃料电池空气子系统是一个 MIMO（multiple inputs multiple outputs）系统，输入为空压机转速和背压阀开度，输出为空气流量和空气压力。这个系统存在耦合特性，一般采用解耦闭环控制算法对系统进行解耦，将 MIMO 系统转化为两个 SISO（single input single output）系统分别控制。

当空压机受到环境温度或者磨损的影响，导致性能发生变化时，采用前馈补偿解耦闭环控制的算法控制效果会变差，周苏等[2]在前馈补偿解耦闭环控制算法的基础上，开发了自适应查表算法，提高了空压机的响应速度，改善了入堆空气流量的控制效果。

本田与霍尼韦尔合作开发了使用空气轴承的两级离心式压缩机，降低空气压缩机的体积、重量、噪声，采用无位置传感器控制，在需要空压机降速时采用能量回馈实现快速减速，提升空压机的响应速度，如图 1-1 所示[3]。

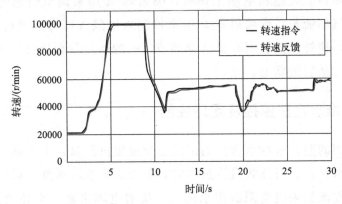

图 1-1 本田与霍尼韦尔合作开发的空气压缩机及转速闭环控制效果

1.2.2 氢气子系统控制

丰田采用氢气喷射灵活控制阳极压力，通过降低阳极压力降低从阳极到阴极的氢气串漏量，同时，为了避免阳极压力降低导致的单片内局部氢气饥饿，丰田提高了循环泵转速增大循环量，使阳极内部的最低氢气分压保持不变，如图1-2所示[4]。丰田在启动过程中仅使用了三个喷嘴中的一个喷嘴，在开机完成后仅两个喷嘴工作，仅在燃料电池电堆输出功率超过70kW之后才使用三个喷嘴共同工作。这种氢气喷射工作方式能够尽可能地减少喷嘴的开启次数，延长喷嘴的运行寿命。

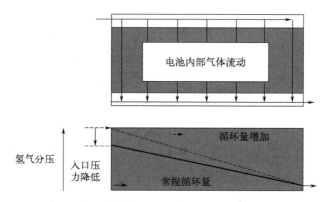

图1-2 丰田降低氢气压力提高氢气循环量示意图

本田采用脉冲引射的方式为电堆持续提供一定计量比和湿度的氢气，详见美国授权发明专利US9373855B2[5]，该专利技术采用两个氢气喷射器并联的方式，其中喷射器A与引射器相连，控制引射器的射流量，而喷射器B出口连接到引射器出口。在燃料电池工作时，喷射器A用来调节引射的射流量从而灵活调节氢气回流量，而喷射器B用来控制入堆氢气压力。喷射器A和B的功能区分开，这样就能够同时灵活地调节氢气的回流量和氢气压力，使电堆能够持续工作在适宜的状态。

1.2.3 电堆水含量监控及闭环控制

目前常用的监控电堆水含量的手段是交流阻抗测量，丰田通过高频阻抗测量电堆内部水含量。当高频阻抗过小时，系统认为电堆水淹，通过减小空气压力、增大空气流量来提高阴极排水能力，缓解电堆水淹。当高频阻抗过大时，系统认为电堆膜干，通过增大空气压力、减小空气流量来降低阴极排水能力，缓解电堆膜干。当燃料电池电堆刚从大功率降载到小功率时，电堆内部温度较高，电堆排出的水远少于电堆生成的水，此时电堆较容易发生膜干。此时系统根据高频阻抗的变化，增大空气压力、减小空气流量，同时降低冷却液温度来缓解这种情况下的膜干状态[6]。

本田同样通过高频阻抗测量电堆内部水含量。本田开发了一套阻抗分布测量系统，如图 1-3 所示，用于在发动机运行过程中测量单片内的交流阻抗分布。本田在空气系统的增湿器干侧设置了旁通阀，通过旁通阀调节空气侧增湿，从而将电堆内部最高水含量和最低水含量调节在限制范围内，提高电堆的耐久性[7]。

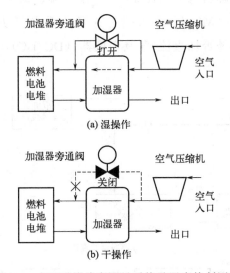

图 1-3　本田阻抗分布测量系统及湿度控制原理

1.3　燃料电池客车动力系统及控制技术研究现状

燃料电池城市客车是汽车、电力拖动、功率电子、自动控制、化学电源、计算机、新能源及新材料等高新技术集成的产物[8]。研制和开发的关键技术主要有燃料电池技术，电动机及其控制技术，控制策略和算法设计技术，多能源管理技术，分布式控制系统和网络通信技术，动力系统平台的集成设计技术，整车电气安全和氢安全系统技术，整车的匹配、标定、优化和试验技术以及车身和底盘设计技术等[9]。动力系统是燃料电池汽车的核心部分，是决定整车性能的关键，也是其不同于传统内燃机汽车和其他类型电动汽车的标志，而对燃料电池汽车动力系统进行研究具有非常重要的意义，而整车控制技术的研究是燃料电池城市客车动力系统的核心，其目标是保证并提高燃油经济性和整车动力性能；同时在保证汽车动力性能以及相关性能的基础上，合理分配燃料电池与动力电池的能量供给，使车辆系统效率在较高水平，从而降低氢气的消耗，达到增加车辆行驶里程的目的。

（1）燃料电池客车动力系统

从电路的角度，燃料电池（fuel cell）输出端、动力电池（power battery）输出端和电机控制器（MCU）输入端为并联关系来驱动电机（motor）。根据燃料电池、动力电池是否加直流-直流变换器（DC/DC），可衍生出两种基本构型，如图1-4所示。

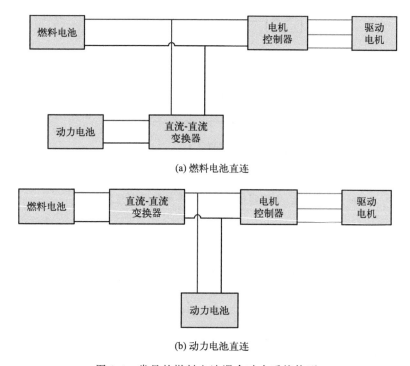

图1-4　常见的燃料电池混合动力系统构型

图1-4（a）为燃料电池直连型，也称为"功率型"。这种构型中，燃料电池直接与MCU相连，动力电池通过双向DC/DC与MCU相连。这种构型的特点是燃料电池输出功率直接输入给MCU，不需要经过中间环节，但燃料电

池需要承受很大的动态负载。此外，这种构型要求双向 DC/DC 的响应速度很快，以满足电机需求功率的要求。

图 1-4（b）为动力电池直连型，也称为"能量型"。这种构型中，动力电池直接与 MCU 相连，燃料电池通过单向 DC/DC 与 MCU 相连。其特点是燃料电池输出功率与整车需求解耦，提供平均稳态功率；动力电池提供系统动态功率，并回收制动能量。"能量型"和"功率型"各自的特点及优缺点见表 1-3。

表 1-3 燃料电池混合动力系统构型特点及优缺点

名称	能量型	功率型
特点	① 燃料电池所提供的功率占整车总需求功率的比例很小。 ② 燃料电池只能提供一部分车辆行驶需求功率，不足部分还需动力电池提供	① 燃料电池所提供的功率占整车总需求功率的比例很大。 ② 车辆行驶需求功率主要由燃料电池提供，动力电池只是在燃料电池启动、车辆爬坡和加速时提供功率，在车辆制动时回收再生制动能量
优点	燃料电池可常在系统效率较高的额定功率区域内工作，减少电流和电压的波动	可减小动力电池容量，利于减轻车重，提高车辆动力性
缺点	需配备较大容量的动力电池，故整车重量增加	① 需配备较大功率的燃料电池，故整车成本较高。 ② 燃料电池的电流和电压波动较大

基于表 1-3 燃料电池混合动力系统构型特点和目前燃料电池的特性，现在燃料电池城市客车普遍选用图 1-4（b）所示的动力系统构型。另外，动力电池具有外接"plug-in"功能，根据实际需求，可以安装车载充电机，采用 220V 电源直接给动力电池充电；也可以不安装车载充电机，采用地面充电柜为动力电池充电[10-11]。在动力系统匹配上，国外的燃料电池系统功率一般在 100~200kW，而国内用于示范的燃料电池客车大多匹配 50kW 的燃料电池系统。究其原因，主要在于动力系统匹配的工况不同。在国内，燃料电池客车主要用于城市公交工况。经分析，在实际道路工况下，车辆满载时电机平均驱动功率为 28.7kW。考虑电机驱动效率 0.85，整车附件功率（电空调、电动助力转向、电动制动气压泵等）为 12kW，则车辆平均需求功率为 28.7÷0.85+12=45.7（kW）。因此，国内燃料电池客车匹配 50kW 的燃料电池系统来提供整车所需求的平均功率，客车启动、爬坡和高速运行时所需求的瞬时大功率由动力电池来提供。根据整车在实际道路工况下的功率需求，我们选用的动力电池额定功

率为100kW、峰值功率为160kW。国外大多匹配大功率燃料电池系统,主要考虑满足整车动力学,保证较大的爬坡度和加速性,使车辆适合任何工况,不会在启动、爬坡和高速运行时出现动力不足的现象,但同时带来成本的增加。因此,在国内燃料电池客车匹配小功率的燃料电池系统既可以满足大多数城市使用,又可以降低成本。对于动力性要求高的特殊工况下,可以基于特定城市实际线路上的车辆的功率需求进行匹配[12-13]。国内外燃料电池城市客车燃料电池参数如表1-4所示。

表1-4 国内外燃料电池城市客车燃料电池参数

名称	燃料电池功率/kW
郑州宇通	60
北汽福田	30/60
奔驰 Citaro FC	250
奔驰 Citaro FC-Hybrid	120
AC Transit FC-Hybrid	120
Toyota FC-Hybrid	180

(2) 燃料电池客车整车控制系统

整车控制系统是燃料电池电动汽车的大脑,负责对燃料电池系统、电机驱动系统、动力转向系统、再生制动系统和其他辅助系统进行监测和管理[14]。整车控制技术主要包括电电混合技术,多能源管理技术,控制策略和算法设计技术,失效模式、故障诊断和容错控制技术,分布式控制系统和网络通信技术等[15]。目前控制系统向智能化和数字化方向发展,滑模变结构控制、模糊控制、神经网络、自适应控制、专家系统及遗传算法等非线性智能控制技术都可以应用于燃料电池电动汽车的控制系统中。整车控制系统优化动力系统的能量分配,使得整车处于最佳的行驶模式[16]。在再生制动时,合理地调整再生能量。确定各子部件系统和整车系统的控制策略和控制算法[17]。同时,实现基于控制器局域网(CAN)总线的整车控制器网络通信技术,进行整车系统工作状况的监控和故障诊断等。

控制策略的研究是燃料电池混合动力汽车的核心[18]。以提高经济性和整车动力性能为目标,对质子交换膜燃料电池电-电混合动力汽车控制策略进行初步探讨[19]。电-电混合动力汽车控制策略有两种:一种是开关控制模式;另一种是功率跟随模式[20]。开关控制模式中,动力电池的 SOC 值在设定的范围内浮动,判断当前动力电池组的 SOC 值来确定燃料电池系统的开关状态,当燃料电池系统的状态处于开时,始终工作在一个恒定的功率水平[21-24]。这种控制策略能够保证燃料电池系统和动力电池组工作各自的高效率,但这种控制策略不适合电-电混合动力汽车,其动力性差,燃油经济性低。功率跟随模式中,动力电池组 SOC 值的范围仍然不超过设定的限值,但它的管理以电量消耗最小为目标;燃料电池系统的输出功率不是恒定值,而是跟随车辆行驶的功率要求在设定的功率范围内变化,优先考虑整车的功率要求并维持动力电池组的电量[25-29]。

参考文献

[1] Pukrushpan J T. Modeling and Control of Fuel Cell Systems and Fuel Processors [D]. Ann Arbor: University of Michigan, 2003.

[2] 周苏, 胡哲, 谢非. 车用质子交换膜燃料电池空气供应系统自适应解耦控制方法研究 [J]. 汽车工程, 2020, 42 (2): 172-177.

[3] Sugawara T, Kanazawa T, Tachibana Y, et al. Development of Air Supply System for Clarity Fuel Cell [J]. HONDA R&D Technical Review, 2016, 28.

[4] Hasegawa T, Imanishi H, Nada M, et al. Development of the Fuel Cell System in the Mirai FCV [J]. SAE Technical Paper, 2016.

[5] Ohgami O, Miyata K, Yoshimura Y. Fuel Cell System: US 9373855 B2 [P]. 2016-06-21.

[6] Kitamura N, Manabe K, Nonobe Y, et al. Development of Water Content Control System for Fuel Cell Hybrid Vehicles Based on AC Impedance [C] // SAE World Congress & Exhibition, 2010.

[7] Iwanari T, Miyajima K, Furusawa K, et al. Real-time Measurement of Water Content of CCM in On-board Fuel Cell Stack System [J]. HONDA R&D Technical Review, 2016, 28.

[8] Shimpalee S, Lee W, Van Zee J W. Predicting the transient response of a serpentine flow field PEMFC I Excess to normal fuel and air [J]. Journal of Power Sources, 2006, 156 (2): 355-368.

[9] Wang Y, Wang C Y. Dynamics of polymer electrolyte fuel cells undergoing load changes [J]. Electrochimica Acta, 2006, 51 (19): 3924-3933.

[10] Hamelin J, Agbossou K, Laperriere A. Dynamic behavior of a PEM fuel cell stack for stationary applications [J]. Journal of Hydrogen Energy, 2001, 26 (6): 625-629.

[11] Yan W, Soong C, Chen F. Transient analysis of reactant gas transport and performance of PEM fuel cells [J]. Journal of Power Sources, 2005, 143 (1): 48-56.

[12] Jia Y Q, Wang H W, Ouyang M G. Electric power system for a Chinese fuel cell city bus [J]. Journal of Power Sources, 2006, 155: 319-324.

[13] Hua J F, Lin X F, Xu L F, et al. Bluetooth wireless monitoring, diagnosis and calibration interface for control system of fuel cell bus in Olympic demonstration [J]. Journal of Power Sources, 2009, 186 (2): 478-484.

[14] Cook R, Arturo M, Parks G. Multi-objective Optimisation of a Hybrid Electric Vehicle: Drive Train and Driving Strategy [J]. Lecture Notes In Computer Science, 2007 (4403): 330-345.

[15] 王晓陵, 陆军. 最优化方法与最优控制 [M]. 哈尔滨: 哈尔滨工程大学出版社, 2006.

[16] Arsie M, Pianese C, Rizzoni G, et al. Optimization of supervisory control strategy for parallel hybrid vehicle with provisional load estimate [C]. Proceeding of 7th Int Symp Adv Vehicle Control, 2004 (8): 483-488.

[17] 李国勇, 张翠平, 郭红戈. 最优控制理论及参数优化 [M]. 北京: 国防工业出版社, 2006: 214-216.

[18] Delprat S, Lauber J, Guerra T M, et al. Control of a parallel hybrid powertrain: optimal control [J]. IEEE Transaction on Vehicular Technology, 2004, V53 (3): 872-881.

[19] Hong H, Huang X, Luo Y, et al. Global optimization control of a parallel hybrid electric vehicle [J]. Journal of South China University of Technology, 2006, V34 (4): 28-37.

[20] Huang B, Shi X, Xu Y. Parameter Optimization of Power Control Strategy for Series Hybrid Electric Vehicle [C]. 2006 IEEE Congress on Evolutionary Computation, BC, Canada July 16-21, 2006: 1989-1994.

[21] Amir P, Morteza M. Design of genetic-fuzzy control strategy for parallel hybrid electric vehicles [J]. Control Engineering Practice, 2008 (16): 861-873.

[22] 胡里清, 郭磊, 沈爱明. 燃料电池城市客车——燃料电池与超级电容混合动力研制 [J]. 电源技术研究与研究, 2007 (5): 358-360.

[23] 胡里清, 赵景辉, 沈爱明. 城市大巴车的燃料电池发动机集成 [J]. 电源技术, 2006 (1): 7-10.

[24] 金振华, 欧阳明高, 卢青春. 燃料电池混合动力系统优化控制策略 [J]. 清华大学学报 (自然科学版), 2009 (2): 273-276.

[25] Lin C C, Peng H, Grizzle J, et al. Power management strategy for a parallel hybrid electric truck [J]. IEEE Transactions on Control Systems Technology, 2003, V11 (6): 839-849.

[26] Morteza M, Amir P, Babak G. Application of genetic algorithm for optimization of control strategy in parallel hybrid electric vehicles [J]. Journal of The Frankin Institute, 2006 (343): 420-435.

[27] Koot M, Kessels J, Jager B, et al. Energy management strategies for vehicular electric power systems [J]. IEEE Transaction on Vehicular Technology, 2005, V54 (3): 771-782.

[28] 程代展, 等. 应用非线性控制 [M]. 北京: 机械工业出版社, 2006: 237-239.

[29] 张明达. 最优控制工程 [M]. 长沙: 中南工业大学出版社, 1989.

第 2 章

燃料电池系统集成设计

60kW 燃料电池发动机的核心部件燃料电池电堆采用了国产自主研发的电堆。利用 Greenlight G700 燃料电池电堆测试台，研究该电堆性能、运行稳定性对空气流量、空气湿度、空气压力、氢气流量、氢气湿度、氢气压力、冷却水温度、冷却水流量等多个参数的敏感性。根据上述敏感性测试结果及燃料电池发动机各附件的匹配状况，选择可行域内最优的稳态运行条件，基于该运行条件进行空气子系统、氢气子系统、冷却子系统的附件集成方案设计。60kW 燃料电池发动机的集成设计外观如图 2-1 所示。

图 2-1　60kW 燃料电池发动机

2.1　系统整体架构

60kW 燃料电池发动机，具体参数如表 2-1 所示，其整体架构如图 2-2 所示，包括空气子系统、氢气子系统、冷却子系统、电堆模块四个部分。空气子系统为电堆提供增湿增压且温度适宜的空气，氢气子系统为电堆提供稳定压力、湿度、流量的氢气，冷却子系统为电堆提供散热，同时维持电堆工作在适宜的温度下。

表 2-1　60kW 燃料电池发动机参数

项目	单位	参数
外形尺寸（长×宽×高）	mm	1270×750×665
额定功率（净输出）	kW	63

续表

项目	单位	参数
工作环境温度	℃	-30~60
储存温度	℃	-40~60
系统最高效率	%	57
防护等级		IP67

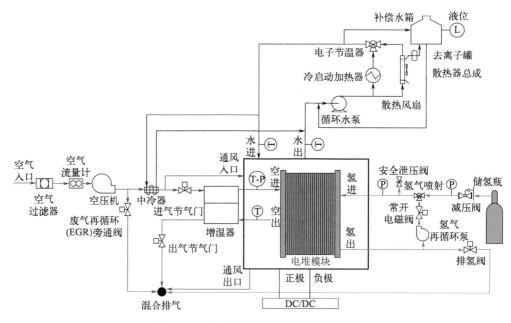

图 2-2　60kW 燃料电池发动机整体架构

下面将从空气子系统、氢气子系统、冷却子系统、电堆模块四个方面分别进行介绍。

在空气子系统中，环境中的空气经过空气过滤器过滤颗粒和有害物质后，进入空压机，空压机和空气过滤器之间设置空气流量计，用于系统进气流量的测量。经过空压机压缩后，气体温度升高，一般会超过100℃，需要利用中冷器将空气温度降至电堆可接受的温度范围。60kW 燃料电池系统采用了离心式空压机，离心式空压机的优势是重量轻、体积小、噪声低，但其劣势是工作范围较小。若空压机的工作点超出工作范围，尤其是超过喘振线，会造成空压机不可逆的损坏。而燃料电池发动机空气子系统的流阻曲线，低电流密度的工作点在喘振线左侧。为了匹配空压机的工作区域和空气子系统的流阻曲线，在空压机和中冷器之间设置了旁通阀，该旁通阀借用了柴油发动机中的 EGR 阀，耐温和密封性均能满足燃料电池系统的要求。在低电流密度下，旁通阀打开，空压机的工作点右移，使得工作点保持在空压机的工作范围内。经过冷却后的空气，通过进气节气门、增湿器的干侧进入电堆。电堆阴极排出的尾气，是高温高湿的气体，该气体进入增湿器的湿侧后，与干侧的干空气进行换湿，利用电堆生成的水提高电堆入口空气湿度。经过增湿器的电堆排气，再经过出气节气门通过排气管排放到环境中。电堆在工作过程中会泄漏少量的氢气到模块中，为防止电堆模块中氢气聚集，从中冷器后分出一路空气给电堆模块通风，电堆模块的通风出口直接与排气相连，混合后排至大气中。电堆空气入口设置温压一体传感器、空气出口设置温度传感器，用以测量空气出入堆参数。

在氢气子系统中，在储氢瓶中储存的高压氢气，经过减压阀后，压力降低至燃料电池发动机工作压力范围，随后氢气喷射进入电堆。60kW 燃料电池发动机的阳极构型为阳极再循环构型，电堆阳极排气经过氢气再循环泵再次进入电堆。氢气再循环泵提高了阳极的气体流速，能够有效改善阳极堵水缺氢现象。若氢气再循环泵失效无法启动，吹扫时氢气将从氢气再循环路旁通，无法吹扫电堆。因此在氢气再循环路设置常开电磁阀，当氢气再循环泵失效时，常开电磁阀通电闭合，将氢气再循环路截止，防止氢气再循环路旁通氢气。在电堆阳极出口设置排氢阀，排氢阀周期性开启，将阳极的液态水、水蒸气、氮气周期性排出系统，保证氢气浓度和水含量在适宜范围。在氢气喷射前端和后端设置了压力传感器，用于测量氢气喷射上游和下游的压力。氢气喷射下游设置了机械式安全泄压阀，避免氢气喷射失效或压力闭环控制超调时产生超压损坏电堆。

冷却子系统分为两部分，一部分在燃料电池发动机内部，另一部分在燃料电池发动机外部。燃料电池发动机内部集成了循环水泵、冷启动加热器、电子节温器和中冷器，以及电堆冷却液进口温度传感器、电堆冷却液出口温度传感器。散热器总成集成了去离子罐、散热风扇和补偿水箱，其中补偿水箱集成液位传感器。冷却液经过循环水泵后分成两路，即大循环和小循环。大、小循环之间的流量分配由电子节温器控制。小循环设置冷启动加热器，确保在低温环境下，系统能够利用整车动力系统中动力电池的能量进行外加热启动。在 60kW 燃料电池发动机中，中冷器的水路和电堆并联。在燃料电池发动机使用过程中，冷却系统中的零部件难免会析出离子进入冷却液中，在散热器总成中设置去离子罐，用于吸附冷却液中的离子，控制冷却液的电导率，防止电堆发生短路。在各零部件中，散热风扇与冷却液的接触面积大、储水容积大，离子析出最严重，因此去离子罐设置在散热风扇出口。燃料电池发动机运行过程中，压力较高的空气和氢气会极其缓慢地透过密封结构进入压力较低的冷却液，导致冷却液中出现气泡。若气泡聚集达到一定数量，将引发气蚀，循环水泵的叶轮将遭到气泡的攻击，气泡持续地在叶轮叶片表面发生破裂，将使得叶片过早断裂损坏。同时，由于氢气和空气的热导率均小于水，当冷却液中出现大量气泡时，冷却系统的散热能力将下降，电堆温差加大、散热风扇散热功率降低，严重时将引起电堆内质子交换膜过热发生穿孔[1]。在冷却系统的最高点设置补偿水箱，能够有效排出系统中的气泡，同时设置液位传感器，当液位低于安全值时通过仪表盘报警，提醒司机注意补充冷却液，避免持续缺乏冷却液导致冷却液中出现大量气泡。

60kW 燃料电池发动机的电堆模块包含上百片燃料电池单片，电堆与外部零部件的接口集成了冷却液入堆温度传感器、冷却液出堆温度传感器、空气入堆温压一体传感器和空气出堆温度传感器。电堆模块内部集成单片电压巡检模块，监控每一个单片的电压。电堆的正负极输出通过高压接插件与升压 DC/DC 相连。升压 DC/DC 的输出端与整车高压总线相连，将燃料电池电堆输出的较低电压转换至高压总线电压。

2.2 电堆模块集成方案设计

60kW 发动机的电堆模块集成方案设计如图 2-3 和图 2-4 所示，电堆模块的后面板布置四个燃料电池电堆巡检（CVM）模块，用于监测燃料电池每个单片的电压。电堆模块的侧面板布置燃料电池控制器和车载终端，车载终端通过通用分组无线服务技术（GPRS）网络将燃料电池发动机的运行数据上传到云端，便于示范运行过程中的发动机运行状态监控以及数据采集，利用示范运行收集大量运行数据，促进燃料电池发动机的技术迭代和产业化转型。电堆模块的正面板集成了正负极高压插件，电堆通过这两个高压插件对外输出功率。电堆模块的正面板还集成了氢气喷射模块和常开电磁阀。电堆模块的正面板集成了排气管接口和氢气再循环接口。所有对外接口都在电堆模块的正面板，方便用户安装和维护时的操作。电堆模块的底面是五个水气接口，包括吹扫阀接口、进出堆冷却液接口、进出堆空气接口。其中,进出堆冷却液接口上集成了水温传感器,进出堆冷却液接口上集成了温压一体传感器。电堆模块朝下的水气接口布置,方便吹扫电磁阀排出阳极下游聚集的液态水,同时方便其他零部件布置在电堆模块底部。

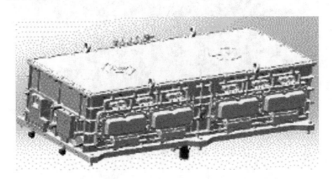

图 2-3　电堆模块集成设计(侧后方俯视图)

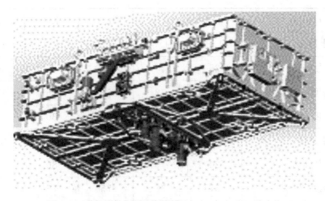

图 2-4　电堆模块集成设计(侧前方仰视图)

下面介绍 60kW 燃料电池发动机的电堆对各工作条件的敏感性。电堆对各种工作条件的敏感性测试是采用单片数为 20 的电堆进行的,如图 2-5 所示。该电堆采用的流道设计为空气和冷却水同向,氢气逆向,有利于电堆内部的水平衡。

在进行敏感性测试之前,首先进行极化曲线和高频阻抗测试,测试条件如表 2-2 所示。由于系统空气子系统采用了增湿器,其增湿效果随着流量的增大显著下降,因此入堆相对湿度随着电流密度的提高而下降。氢气子系统采用氢气再循环为电堆阳极提供需求计量比和湿度的氢气,通过调节氢气循环泵的转速调节计量比进而调节湿度,调节范围较宽。由于氢气子系统采用了氢气喷射调节阳极的压力,因此电堆能够维持较为稳定的氢空压差,即 5kPa。

图 2-5　敏感性测试中使用的电堆

表 2-2　极化曲线测试条件

电流密度/(A/cm²)	0.3	0.5	0.8	1.0	1.3	1.5
空气计量比	1.5	1.5	1.4	1.4	1.4	1.3
入口压力/kPa	25	45	65	85	85	85
入口温度/℃	67	72	75	75	75	75
相对湿度/%	30	30	30	30	30	30
氢气计量比	2.5	2.2	2.2	2.2	2.0	2.0
入口压力/kPa	20	40	60	80	80	80
入口温度/℃	67	72	75	75	75	75
相对湿度/%	60	50	40	35	30	30
入口压力/kPa	50	50	50	50	50	50
冷却液入口温度/℃	67	72	75	75	75	75
冷却液温差/℃	3	5	7	10	10	10

极化曲线测试结果如图 2-6 所示，在额定点 1500mA/cm²，电压达到 0.614V，电堆效率达到 50%（电堆效率=电堆平均单片电压/1.23，其中 1.23 为理论电动势）。在极化曲线的各测试点，标准差均小于 10mV，单片电压一致性满足系统要求。

图 2-7 所示为电堆的温度敏感性测试结果，结合电压敏感性和高频阻抗敏感性的结果，得到面向系统性能最优的各电流密度点工作温度。在 300mA/cm²

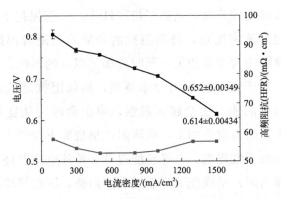

图 2-6 极化曲线测试结果

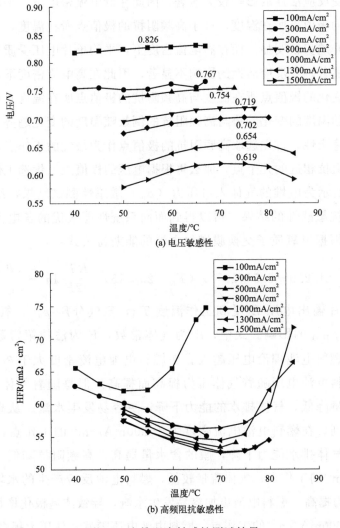

(a) 电压敏感性

(b) 高频阻抗敏感性

图 2-7 电堆温度敏感性测试结果

电流密度点，随着温度的升高，高频阻抗（HFR）一直保持下降趋势，更高的温度未测试。在其他电流密度点，高频阻抗的趋势均为随着温度上升先下降后上升。这与质子交换膜的含水量相关，同时叠加了温度的影响。在含水量相同的情况下，温度越高，质子交换膜的电导率越高，高频阻抗越低。而随着温度的升高，气体带走膜内水的能力也会越来越强，膜也会经历从良好润湿到脱水的过程。在温度和含水量的双重作用下，高频阻抗呈现先下降后上升的趋势。随着温度的提高，催化剂的活性提高，电堆性能提升，单片电压升高，同时，质子交换膜的高频阻抗（即内阻）呈现先下降后上升的趋势，因此平均单片电压也呈现先下降后上升的趋势。在较低的电流密度下，平均单片电压受质子交换膜内阻的影响不显著，受反应活性的影响较为显著。因此在低电流密度下，平均单片电压随着温度变化的极值点所在温度，高于高频阻抗的极值点所在温度，且平均单片电压随温度上升趋势较明显。而在高电流密度下，平均单片电压受质子交换膜内阻的影响较为显著，受反应活性的影响不显著，因此在高电流密度下，平均单片电压随着温度变化的极值点所在温度与高频阻抗的极值点所在温度基本一致，且平均单片电压随温度的变化趋势与高频阻抗的倒数随温度的变化趋势一致。考虑到长期运行的稳定性，首先选取高频阻抗的极值点作为最优的工作点，若该工作点附近有高频阻抗相近的几个点，那么再根据电压的极值点，优选工作点。

图 2-8 所示为电堆的气体入口压力（p_{in}）敏感性测试结果，结合电压敏感性和高频阻抗敏感性的结果，可以得到面向系统性能最优的各电流密度点气体入口压力。根据氢氧质子交换膜燃料电池的能斯特公式：

$$E = 1.229 - 8.5 \times 10^{-4} \times (T_{fc} - 298.15) + \frac{RT_{fc}}{2F} \ln\left(\frac{p_{H_2} p_{O_2}^{0.5}}{p_{H_2O}}\right) \quad (2-1)$$

燃料电池单片输出电压 E 受到工作温度 T_{fc}、氢气分压 p_{H_2}、氧气分压 p_{O_2}、水蒸气分压 p_{H_2O} 的影响。式中，R 为气体常数，F 为法拉第常数。反应气体压力越大，燃料电池理论电压越大。在燃料电池电流密度大于 300mA/cm^2 的工作点，燃料电池电压随着气体压力提高而提高。但是随着气体压力的提高，气体体积流量降低，气体排水的能力下降，更容易发生水淹。从高频阻抗变化曲线可以看到，在燃料电池电流密度大于 300mA/cm^2 的工作点，随着气体压力的提高，气体排水能力下降，膜的含水量提高，高频阻抗降低。在电流密度为 300mA/cm^2 的工作点，气体流量较低，燃料电池反应产生的水较难排出，且随着气体压力提高，燃料电池更加容易发生水淹，导致浓差极化增加。因此，在电流密度为 300mA/cm^2 的工作点，燃料电池电压随着气体压力提高而降低。

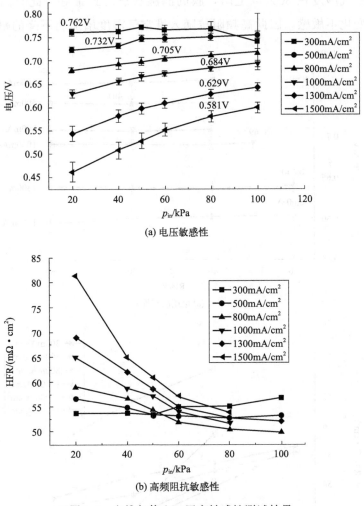

图 2-8 电堆气体入口压力敏感性测试结果

根据图 2-9 电堆的入堆空气相对湿度（RH）结合电压敏感性和高频阻抗敏感性的结果，得到面向系统性能最优的各电流密度点入堆空气相对湿度。这里的相对湿度都是基于各电流密度点入口冷却液温度的相对湿度。随着空气入堆湿度的提高，在电流密度低于 $1500\mathrm{mA/cm^2}$ 的工作点下，燃料电池输出电压变化不敏感。在电流密度为 $1500\mathrm{mA/cm^2}$ 的工作点下，燃料电池输出电压随空气入堆湿度的提高而略微降低。在空气入堆湿度高于 40% 以上时，燃料电池逐渐进入水淹状态，液态水阻碍了反应气体向催化剂层反应位点的扩散，导致浓差极化增加，燃料电池输出电压逐渐降低。高频阻抗方面，由于增湿改善了膜的含水状态，高频阻抗随着燃料电池入堆空气湿度的增加而略有下降，由于入堆空气湿度在30%以上时，膜的润湿状态已经很好，此时高频阻抗随膜内含水量变化不敏感，因此高频阻抗随入堆空气湿度增加而下降的幅度不明显。

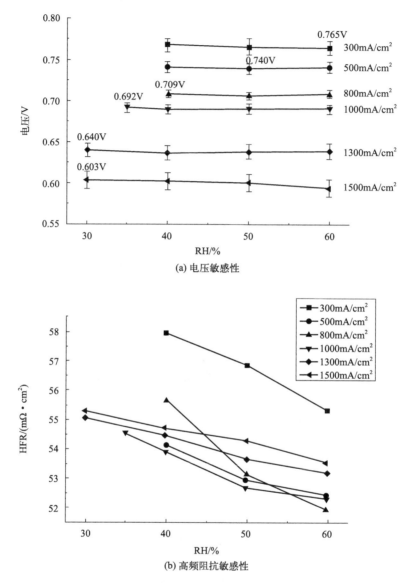

图 2-9　空气相对湿度敏感性测试结果

图 2-10 所示为电堆的空气计量比敏感性测试结果，结合电压敏感性和高频阻抗敏感性的结果，得到面向系统性能最优的各电流密度点空气计量比。提高空气计量比能够改善空气在单片之间的分配均匀性，改善气体的扩散，在电流密度大于 $300mA/cm^2$ 的工作点，燃料电池平均单片电压随着空气计量比的

提高而提高。但在电流密度为 300mA/cm² 的工作点，随着空气计量比的提高，燃料电池平均单片电压先上升后下降，这是由于在电流密度为 300mA/cm² 的工作点，空气和氢气的消耗量较小，气体流速较低，燃料电池对膜干水淹更加敏感。随着空气计量比的提高，燃料电池从水淹转换到含水量适中再转变为膜干。从燃料电池高频阻抗的变化曲线也可以看到，随着空气计量比的提高，燃料电池高频阻抗先下降后上升，与质子交换膜内含水量的变化趋势一致。在高于 300mA/cm² 的电流密度下，燃料电池的高频阻抗变化趋势不显著。

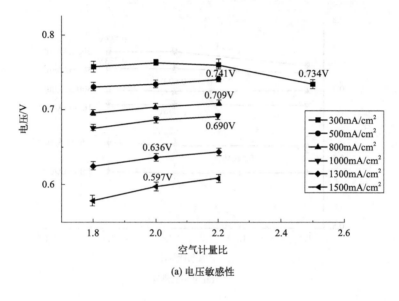

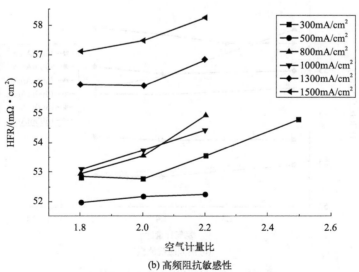

图 2-10　空气计量比敏感性测试结果

图 2-11 所示为电堆的氢气计量比敏感性测试结果，结合电压敏感性和高频阻抗敏感性的结果，得到面向系统性能最优的各电流密度点氢气计量比。由于在电流密度为 300mA/cm^2 的工作点，空气和氢气的消耗量较小，气体流速较低，燃料电池对膜干水淹更加敏感。随着氢气计量比的提高，燃料电池从水淹转换到含水量适中再转变为膜干，因此燃料电池平均单片电压随着氢气计量比的提高先升高后下降。由于氢气排水能力比空气差，平均单片电压随氢气计量比的变化不显著，高频阻抗随氢气计量比的变化也不显著。

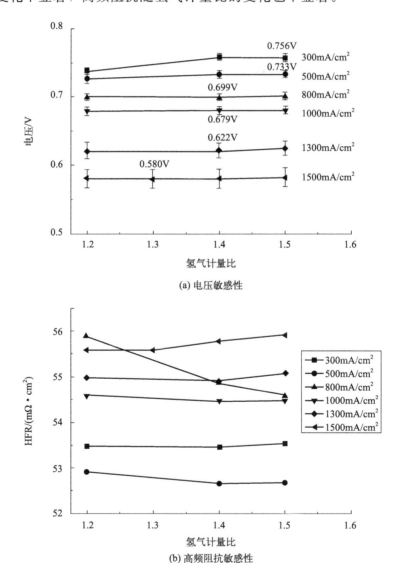

图 2-11 氢气计量比敏感性测试结果

值得注意的是，氢气计量比对燃料电池的寿命影响非常大，当氢气计量比过低时，燃料电池单片内部容易发生局部缺氢，导致"反向电流"效应。如果吹扫不充分，或者两次吹扫动作的间隔太长，同样也会导致阳极内局部缺氢，严重时会产生"反向电流"效应，引起缺氢位置对应的阴极催化剂层碳载体腐蚀。"反向电流"效应的产生机理如图2-12所示，沿着阳极流道方向分为氢气富集区和氢气饥饿区，在氢气富集区，阴极、阳极催化剂层和膜之间仍然保持着正常的电势差。在氢气饥饿区，阴极渗透到阳极的氧气使得此位置的阳极与膜之间的界面电势差向氧气平衡电位（1.23V）偏移，但由于催化剂层的导电性，阳极电位不变，膜电位被拉低，以至于阴极与膜之间的电势差增大，加速阴极侧碳载体的腐蚀，甚至引发水电解。这两个反应产生的质子将被渗透到阳极的氧气还原反应消耗，从而产生反向电流。因此，氢气计量比不能过小，虽然氢气计量比对燃料电池的平均单片电压和交流阻抗影响不显著，但是仍然需要通过实验的手段研究氢气计量比对电堆寿命的影响。

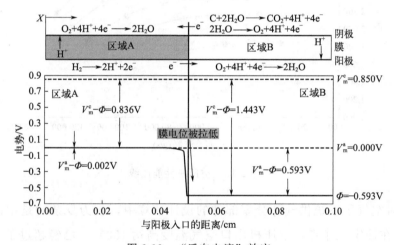

图 2-12 "反向电流"效应

2.3 空气子系统附件集成方案设计

根据优选的电堆运行条件，根据空气计量比计算不同电流密度下的干空气需求流量，结合空气需求入堆压力和入堆湿度，得到电堆阴极入口边界条件。

根据质量平衡得到出堆干空气流量，考虑阴阳极之间净水传递系数的变化范围，计算空气出堆湿度范围，根据电堆阴极流阻测试结果得到不同湿度下的电堆空气出堆压力。综合上述核算结果得到阴极出口边界条件，该边界条件为一个范围，与净水传递系数的取值相关。

根据电堆阴极入口边界条件，核算空气子系统供气部分的零部件选型。空气子系统供气部分最重要的零部件是空压机，首先根据电堆阴极入口干空气流量估算空气子系统供气部分各零部件如空气过滤器、中冷器等的流阻，进而估算出空压机进出口压力。根据电堆阴极入口干空气流量以及估算的额定工作点空压机压比，可以对空压机进行初步选型。图 2-13 为选型的空压机性能曲线图。

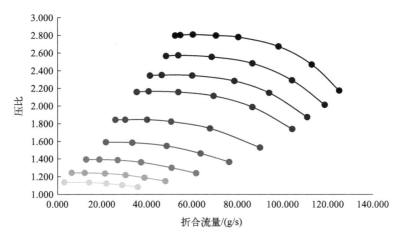

图 2-13　空压机性能曲线

在对空气子系统供气部分零部件的设计核算中，较为复杂的是中冷器的核算[2-3]。在额定工作点，空压机出口空气温度高达150℃，已经超过了电堆能够耐受的温度，必须用中冷器将温度降至80℃以下。优选的电堆运行条件已经给出了电堆冷却液进出口温度，考虑采样和控制误差后，能够确定中冷器水侧的进出口温度。在中冷器气侧出口温度不能高于80℃的边界条件下，根据中冷器散热能力曲面图，校核出燃料电池发动机各稳态工作点下中冷器对冷却液的需求流量。该流量值将用于水泵和流阻匹配的核算。

空气子系统排气部分最重要的零部件是背压阀，上述核算过程已经得到了阴极出口边界条件的范围，本书认为电堆阴极排气为雾状流，根据雾状流模型计算背压阀的流通能力和流阻，进一步得到燃料电池发动机不同稳态工作点下背压阀的开度。在适应不同环境温度压力和阴极出口边界条件范围的前提下，为了降低闭环控制的难度，在背压阀的有效调节范围内应优选较大的开度。

完成空气子系统各零部件的初步选型后，对燃料电池发动机各稳态工作点下空压机的工作点进行校核，重新调整空压机叶轮设计以优化各工作点的空压机效率，选择合适的旁通阀和旁通管路以避免低电流密度下空压机工作点进入喘振区。

2.4 氢气子系统附件集成方案设计

根据优选的电堆运行条件，根据氢气计量比计算不同电流密度下的需求循环路干氢气流量，结合氢气需求入堆压力和入堆湿度，得到电堆阳极入口边界条件。根据质量平衡得到出堆干氢气流量，考虑阴阳极之间净水传递系数的变化范围，计算氢气出堆湿度范围，根据电堆阳极流阻测试结果得到不同湿度下的电堆氢气出堆压力。综合上述核算结果得到阳极出口边界条件，该边界条件为一个范围，与净水传递系数的取值相关。

与空气子系统的不同之处在于，氢气子系统采用氢气循环泵实现氢气排气再循环，满足电堆对氢气过量系数的要求，同时将阴极产生的水传递到阳极，并在氢气子系统中循环，保持堆内水平衡[4]。为了防止液态水随循环的流体进入电堆阳极流道导致水淹，阳极出口设计了分水器，将循环流体中的液态水分离并储存在储水容腔中，通过排水阀排出。

根据优选的电堆运行条件，根据不同燃料电池发动机稳态工作点下的循环路干氢气流量，假设经过分水后，循环流体中的水蒸气为饱和水蒸气，可以计算循环路各零部件流阻，与电堆流阻叠加后，得到循环泵在燃料电池发动机各稳态工作点下的压比。结合循环泵性能曲线（如图2-14所示），得到燃料电池发动机各稳态工作点下的循环泵工作转速。

该发动机采用氢气喷射代替了机械减压阀，用于灵活调节燃料电池阳极供气压力。传统机械减压阀的特性是随着流通流量的增加，输出压力逐步降低。然而燃料电池电堆的需求是随着燃料电池电流密度的增加，阳极压力跟随阴极压力同步上升，即流通流量越大，需求压力越高。采用氢气喷射能够满足燃料电池电堆对阳极压力的需求，此外，还能在不同的工作条件，尤其是在周期性吹扫动作的干扰下，实现预期的阳极压力稳定跟踪阴极压力的能力。

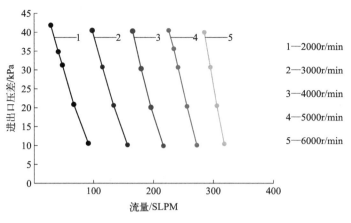

图 2-14　氢气循环泵性能曲线
1SLPM=1L/min（在标准温度和压力下）

氢气喷射的设计需要考虑多方面的因素：①喷嘴口径和喷嘴个数的选取与系统的需求流量相关，即在燃料电池发动机额定工作点尾排电磁阀开启进行吹扫动作时的流量，根据该流量及上下游压差确定喷嘴的口径。②喷嘴线圈在工作过程中会发热，需要核算线圈的发热量和平衡温度，根据上下游压差确定能够将喷嘴开启的电磁力，由线圈电磁模型计算峰值电流和保持电流，以及峰值电流持续时间。根据燃料电池发动机额定工作点流量需求、喷嘴口径和喷嘴个数，能够计算额定工作点每个喷嘴的工作占空比，由驱动电流的波形积分得到发热量，计算在阀芯与氢气强制对流换热以及阀体和环境自然对流换热条件下的线圈平衡温度。③喷嘴工作周期和开启时间的选择还需要考虑控制器的控制周期以及闭环调节的控制精度，较长的工作周期对控制器的运算速度要求降低，但相邻的两次喷射之间的压力波动幅度将变大。由于控制器对开启时间的控制分辨率有限，在发热量控制在合理范围的前提下，喷嘴开启时间应尽量长以提高控制精度。④氢气喷射高压腔和低压腔的气体流道设计还应考虑抑制噪声，喷嘴频繁开启关闭引起气流周期性的扰动，合理规划气体流道能够将气流扰动造成的压力波相互抵消，降低压力波动造成的噪声强度。

2.5　冷却子系统附件集成方案设计

由电堆在额定工作点的工作电压和工作电流，能够推导出电堆的最大发热功率，结合电堆在额定工作点的进出口水温和流量，对散热器进行了初步选型。考虑到一部分冷却液流经中冷器，对散热器的散热能力要求更加苛刻，初步选型时对散热器散热能力预留了10%的余量，待冷却子系统零部件选型确定后，再进行重复校核。

根据电堆需求流量和中冷器需求流量，计算冷却水泵需要提供的总流量。由于电堆和中冷器的冷却水路为并联关系，需要对电堆流阻和中冷器流阻进行匹配，使得在不同燃料电池发动机工作点下冷却液流量在电堆路和中冷器路合理分配。本书采用调节中冷路冷却液管径的方法进行电堆和中冷器的流阻匹配，选择合适的中冷路冷却液管径，以同时满足燃料电池发动机不同工作点下电堆和中冷器对冷却液流量的需求。

为了满足冬季快速暖机的要求，参照传统发动机的冷却系统构型为燃料电池发动机配置了冷却液大小循环，大小循环之间的切换由电子节温器实现。由于大小循环冷却液流经的零部件和管路不同，核算了电子节温器在不同流量不同开度下的冷却系统总体流阻。

初步确定中冷器、散热器、电子节温器等冷却子系统零部件的选型后，基于管路流阻模型计算冷却水泵在燃料电池发动机不同工作点下的流量和扬程，根据这一系列工作点对冷却水泵进行了选型。冷却水泵性能曲线如图2-15所示。确定冷却水泵选型后，对冷却子系统零部件选型进行细化校核，主要对不同工作点、不同环境温度下的大小循环分配策略进行设计。细化校核的考虑因素包括：①小循环容积应足够小以提升燃料电池发动机的快速暖机能力；②由于散热器噪声与风扇转速正相关，在保证控制精度的前提下，风扇转速应尽量低，因此要求当大循环水温高于入堆目标水温时，电子节温器应全开；③大小循环切换过程将造成流量波动，此时应调节水泵转速以满足电堆需求流量，水泵的动态调节范围应能够覆盖大小循环切换过程。

与传统内燃机的冷却系统不同，燃料电池发动机的冷却系统还需要考虑控制冷却液的电导率，若冷却液的电导率过高，电堆的单片之间将产生短路电流，甚至引发安全问题。虽然燃料电池专用冷却液已经加入了离子析出抑制剂，但随着系统的长时间使用或停放，冷却系统的管路和各零部件难免会析出离子，造成电导率的上升。一般的解决方案是在冷却系统中设置可更换的去离子罐，利用去离子罐中的离子吸附树脂，将燃料电池发动机冷却液的电导率控制在较低水平，保证系统的性能和安全性。在本书中，由于中冷器的离子析出率较高，去离子罐设置在与中冷器冷却水路串联的位置。

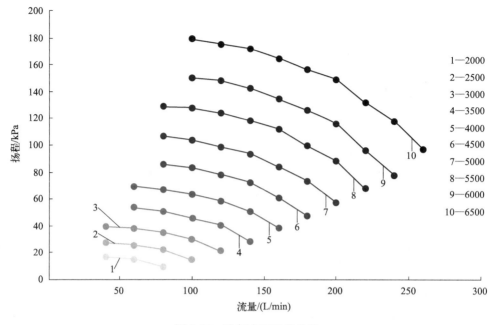

图 2-15　冷却水泵性能曲线

2.6　燃料电池系统总体集成方案设计

各零部件选型方案确定后,对燃料电池发动机电堆及各零部件之间的总体集成方案进行了设计,如图 2-16 所示。除了考虑前面已经提到的因素之外,还需要考虑:①低压线束的走向、固定应美观、可靠;②高压电缆的布置、

图 2-16　燃料电池发动机总体集成方案

固定应简洁,避免产生电磁干扰;③发动机尾排应避免局部低点,防止冬季停机后积水导致结冰堵塞管路;④发动机对外管路接头、线束接插件等应考虑方便拆装,预留足够的操作空间。

参考文献

[1] Woo C R, Juhyuk C, Hyunjoo L. Hydrophilic-hydrophobic dual catalyst layer electrode for proton exchange membrane fuel cells under low humidity [J]. Abstracts of Papers of the American Chemical Society, 2018, 256.

[2] Hasani M, Rahbar N. Corrigendum to "Application of thermoelectric cooler as a power generator in waste heat recovery from a PEM fuel cell-An experimental study" [Int J Hydrogen Energy 43 (2015) 15040-15051] [J]. International Journal of Hydrogen Energy, 2017, 42 (31): 20400-20400.

[3] Sangseok Y, Jaeyoung H. Detection of coolant leakage in thermal management system of fuel cell vehicle with fault-detection algorithm [J]. Journal of Fundamentals of Renewable Energy and Applications, 2017, 07 (06).

[4] New Findings in Hydrogen Described from Sungkyunkwan University (Improved Voltage Drop Compensation Method for Hybrid Fuel Cell Battery System) [J]. Energy Weekly News, 2018.

第 3 章

燃料电池系统控制技术

3.1 氢气压力自学习闭环控制方法研究

燃料电池的阴极侧的燃料供应为空压机，空压机提供燃料的特点就是，随着燃料电池功率的升高，所需要的空气量越多，相应的空气侧压力就会越高。采用机械减压阀的燃料电池，氢气侧的燃料供应特点和空气侧相反，随着燃料电池功率的提高，氢气燃料消耗增大，但是氢气侧的压力会逐渐降低。为了保证氢气流量的要求，在小功率时，氢气侧的压力一般都可以达到160~180kPa，但是空气侧只有110kPa左右，压差达到了50~70kPa，这很考验质子交换膜的耐压性能，当功率升高后，空气侧的压力就会高于氢气侧的压力，会导致膜的受力反向；同时在燃料电池运行过程中，氢气侧要不断排水和排废气，就要频繁地开启/关闭吹扫阀，在吹扫阀打开和关闭的时候，氢气侧的压力波动完全取决于减压阀的能力，随着减压阀寿命的衰减，氢气侧的压力波动会变得很大，导致质子交换膜的受力变化很大，很容易降低膜的寿命，最终造成失效。而且为了提高燃料电池的使用寿命，氢气侧的压力要稍微大于空气侧的压力，但是如果只是使用减压阀，完全做不到这点，所以氢气喷射装置是一种很好的解决该问题的设备。采用氢气喷射，能够在不同工况下灵活调节氢气侧的压力，保证阴阳极压差，同时能够在吹扫过程中及时补偿吹扫消耗的气体流量，避免出现压力突降使质子交换膜处于交变应力的作用下，确保质子交换膜的使用寿命。

目前常用的燃料电池氢气喷射控制算法，一般都是根据目标压力和实际压力的误差进行PID调节，单纯PID调节的缺点就是响应速度和降低超调量二者不可兼容，在变载和吹扫时，压力的超调很难满足要求；为了保证吹扫时的压力波动满足要求，往往在吹扫时单独标定PID参数，虽然这种方法可以减小压力的波动范围，但是压力波动还是无法满足电堆最佳的性能要求，而且这种方法，吹扫时的PID参数很难标定，即使满足要求的参数也很容易产生振荡，很难控制。现行的控制方法采用预先标定的前馈控制加上PID反馈控制的方法，如图3-1所示，根据气体消耗流量 m、吹扫阀驱动信号 w 和目标压力 p_{tgt} 根据事先标定的函数关系 f 得到前馈控制量 u_{FF}，根据目标压力 p_{tgt} 和实际压力 p_{act} 之间的压力偏差量 e 计算一个反馈控制量 u_{FB}，这两个控制量相加得到氢气喷射驱动信号的占空比 u，该驱动信号与氢气喷射的开关相对应，控制进气流量，最终将电堆中的压力控制稳定。

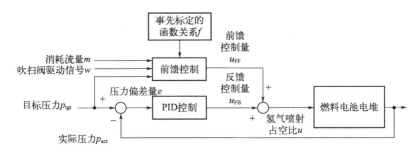

图 3-1　现行的燃料电池氢气喷射控制算法

但随着燃料电池的运行,由于燃料电池内部水含量的变化,阳极流道内流阻相比标定时已经发生了变化,此时预先标定的前馈参数无法适用于当前状态下的氢气喷射控制,导致压力偏差变大,控制效果变差。本课题为解决这一问题设计了氢气压力自学习闭环控制算法,如图3-2所示,利用目标压力 p_{tgt}、压力偏差量 e、消耗流量 m、吹扫阀开关信号 w、氢气喷射占空比 u,通过自学习算法得到自学习的函数关系 f,根据该函数关系计算前馈控制量 u_{FF},最终与反馈控制量 u_{FB} 相加得到氢气喷射占空比 u。

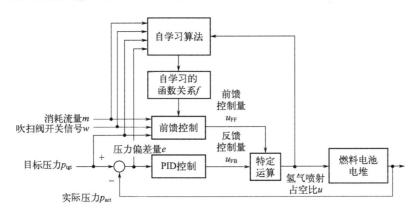

图 3-2　氢气压力自学习闭环控制算法

3.1.1　氢气子系统建模

图 3-3 所示为燃料电池发动机氢气子系统模型,简化抽象建立物理模型,重点关注与气体流量和压力动态变化相关的物理问题。气体喷射器和吹扫电磁阀喷嘴处的气体流动可以利用拉伐尔喷管理论进行分析。假设 p_1 和 p_2 分别为气体在喷嘴前后的压力,分别考虑亚声速流动($p_2/p_1 > \gamma_{cr}$)和声速流动($p_2/p_1 \leqslant \gamma_{cr}$)两种情况。$k$ 是气体的绝热系数。$\gamma_{cr} = [2/(k+1)]^{k/(k-1)}$,为临

界压力比。

在本课题中，高压共轨管路中的氢气压力 p_{tank} 设定为 350~400kPa，燃料电池电堆阳极的氢气压力 p_{an} 范围为 100~200kPa，具体值取决于燃料电池系统的阴极压力范围。氢气的临界压力比为 0.5283，这意味着喷射流动处于声速或亚声速流动区域，吹扫流动基本处于亚声速流动区域。

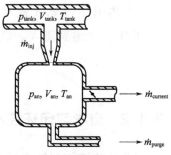

图 3-3 燃料电池发动机氢气子系统模型

喷射质量流率 $\dot{m}_{inj}$ 可用以下表达式描述：

$$\dot{m}_{inj}=\begin{cases} u_{inj}c_{inj,subsonic}p_{tank}A_{inj}\sqrt{\dfrac{2k}{RT_{tank}(k-1)}\left[\left(\dfrac{p_{an}}{p_{tank}}\right)^{2/k}-\left(\dfrac{p_{an}}{p_{tank}}\right)^{(k+1)/k}\right]} & p_{an}/p_{tank}>\gamma_{cr} \\ u_{inj}c_{inj,sonic}p_{tank}A_{inj}\sqrt{\dfrac{k}{RT_{tank}}\left(\dfrac{2}{k+1}\right)^{(k+1)/(k-1)}} & p_{an}/p_{tank}\leqslant\gamma_{cr} \end{cases}$$

(3-1)

式中，c_{inj} 为喷射器喷嘴的非均匀流动系数；A_{inj} 为垂直于喷射器中气体流动方向的最小横截面积；R 为氢气的气体常数；T_{tank} 为共轨管路中的热力学温度。进一步简化为：

$$\dot{m}_{inj}=u_{inj}p_{tank}K_c(p_{an},p_{tank},T_{tank})$$

(3-2)

式中，K_c 为与工作点参数 p_{an}、p_{tank}、T_{tank} 相关的系数。

吹扫质量流率 $\dot{m}_{purge}$ 利用分段函数表示，取决于 p_{an} 和环境压力 p_0 的比值。

$$\dot{m}_{purge}=\begin{cases} c_{purge,subsonic}p_{an}A_{purge}\sqrt{\dfrac{2k}{RT_{an}(k-1)}\left[\left(\dfrac{p_0}{p_{an}}\right)^{2/k}-\left(\dfrac{p_0}{p_{an}}\right)^{(k+1)/k}\right]} & p_0/p_{an}>\gamma_{cr} \\ c_{purge,sonic}p_{an}A_{purge}\sqrt{\dfrac{k}{RT_{an}}\left(\dfrac{2}{k+1}\right)^{(k+1)/(k-1)}} & p_0/p_{an}\leqslant\gamma_{cr} \end{cases}$$

(3-3)

式中，$c_{purge,subsonic}$ 和 $c_{purge,sonic}$ 为吹扫阀喷嘴在亚声速流动和声速流动下的非均匀流动系数；A_{purge} 为垂直于吹扫电磁阀中气体流动方向的最小横截面积；T_{an} 为等效容腔中的气体热力学温度。与等效容积下的动态压力 p_{an} 相比，喷射器共轨管路中的氢气压力 p_u 和环境压力 p_0 在相当长的时间跨度下几乎为常数。进一步简化为：

$$\dot{m}_{purge}=u_{purge}p_{an}K_{purge}(p_{an},p_0,T_{an})$$

(3-4)

式中，K_{purge} 为与工作点参数 p_{an}、p_0、T_{an} 相关的系数。

在本书中，氢气被视为理想气体，热力学参数遵循理想气体方程 $p = mRT/V$。考虑到流入、流出等效容积的质量流率，压力变化速率为：

$$\dot{p}_{an} = \frac{RT_{an}}{V_{an}} (\dot{m}_{inj} - \dot{m}_{purge} - \dot{m}_{current}) \tag{3-5}$$

3.1.2 自学习闭环控制算法设计

设计前馈控制结合反馈控制的压力闭环控制算法：

$$u_{inj} = u_{inj}|_{currentFF} + u_{inj}|_{purgeFF} + P\Delta p + I\int \Delta p\, dt \tag{3-6}$$

式中，$u_{inj}|_{currentFF}$ 为流量前馈；$u_{inj}|_{purgeFF}$ 为吹扫前馈。在理想稳态情况下，吹扫动作和电流突变时阳极压力保持不变，即 $\dot{p}_{an} = 0$，则有：

$$\begin{cases} \dot{m}_{inj}|_{currentFF} = \dot{m}_{current} \\ \dot{m}_{inj}|_{purgeFF} = \dot{m}_{purge} \end{cases} \tag{3-7}$$

为避免系统振荡，把前馈计算公式中的实际压力 p_{an} 都替换成目标压力 p_{tgt}，忽略温度和大气压力的变化，得到：

$$\begin{cases} u_{inj}|_{currentFF}\, p_{tank} K_c(p_{tgt}, p_{tank}) = \dot{m}_{current} \\ u_{inj}|_{purgeFF}\, p_{tank} K_c(p_{tgt}, p_{tank}) = \dot{m}_{purge} = u_{purge}\, p_{tgt} K_{purge}(p_{tgt}) \end{cases} \tag{3-8}$$

即得到随工况参数变化的参数 K_c 和 K_p：

$$\begin{cases} u_{inj}|_{currentFF} = K_c \dfrac{\dot{m}_{current}}{p_{tank}} \\ u_{inj}|_{purgeFF} = K_p \dfrac{p_{tgt}}{p_{tank}} u_{purge} \end{cases} \tag{3-9}$$

考虑理想的前馈控制，只需要前馈控制就可以满足维持压力稳定，忽略反馈控制的贡献：

$$u_{inj} = u_{inj}|_{currentFF} + u_{inj}|_{purgeFF} = K_c \frac{\dot{m}_{current}}{p_{tank}} + K_p \frac{p_{tgt}}{p_{tank}} u_{purge} \tag{3-10}$$

接下来设计算法实现对参数 K_c 和 K_p 的自学习，将式（3-11）看作从 X 到 y 的映射关系：

$$\boldsymbol{y} = \boldsymbol{DX} = d_1 \boldsymbol{X}(1) + d_2 \boldsymbol{X}(2) \tag{3-11}$$

其中，$y = u_{inj} p_{tank}$，$\boldsymbol{X} = \begin{bmatrix} \dot{m}_{current} \\ p_{tgt} u_{purge} \end{bmatrix}$，$\boldsymbol{D} = \begin{bmatrix} K_c & K_p \end{bmatrix}$。记 $\boldsymbol{r} = \boldsymbol{y} - \hat{\boldsymbol{D}}\boldsymbol{X}$，自学习算法的目的即为求 $\hat{\boldsymbol{D}}$ 使得 $\|\boldsymbol{r}\|_2$ 最小。

可采用最小二乘算法（MOD法）：$\hat{\boldsymbol{D}} = \boldsymbol{YX}^\mathrm{T}(\boldsymbol{XX}^\mathrm{T})^{-1}$ 求得 $\hat{\boldsymbol{D}}$，但算法占用较大内存，且涉及矩阵求逆，运算量较大，不适宜嵌入式系统实时控制。本书采用了递归最小二乘算法（RLS算法）实现了前馈参数的自学习。该算法的目标为：求 $\hat{\boldsymbol{D}}$ 使得 $\lambda \|\boldsymbol{r}_{k-1}\|_2^2 + \|\boldsymbol{r}_k\|_2^2$ 取最小值，其中 λ 为遗忘因子，取值范围一般为 $[0.95,1]$。算法的实施流程如图 3-4 所示。

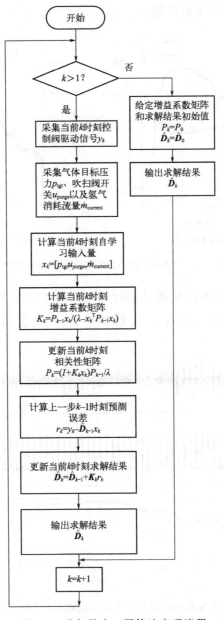

图 3-4 递归最小二层算法实现流程

3.1.3 自学习闭环控制算法验证

为了验证图 3-4 中递归最小二层算法对氢气压力自适应闭环控制的有效性，本课题对燃料电池发动机的控制算法进行了实测验证，如图 3-5 所示为燃料电池发动机从开机逐步加载到额定点后降载关机的过程，以及目标入堆氢气压力跟随实际入堆氢气压力的情况。

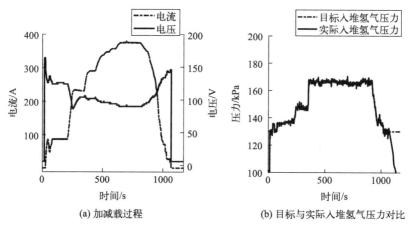

(a) 加减载过程　　　　　　(b) 目标与实际入堆氢气压力对比

图 3-5　燃料电池发动机实测验证加减载数据

图 3-6 展示了燃料电池发动机运行过程中压力误差随电流和吹扫阀动作的变化情况，整个工作过程中压力误差在 $-4.9 \sim +3.2$ kPa 之间，在 258s 处，

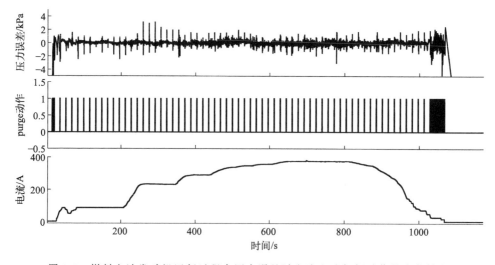

图 3-6　燃料电池发动机运行过程中压力误差随电流和吹扫阀动作的变化情况

由于电堆刚经历大幅度加载，阳极流道内发生水的大量聚集，低电流密度下自学习的吹扫前馈参数已经不适宜此时的吹扫流量，导致吹扫时压力出现较大超调。但经过三个吹扫周期后，经过自学习算法，吹扫前馈参数进行了自适应调节，吹扫超调已经从＋3.2kPa下降到＋2.4kPa，在第四个吹扫周期达到＋2.0kPa并趋于稳定。实测结果证明，自学习控制算法有效，算法能够使前馈参数针对电堆内部状态变化进行自适应调节，确保阳极压力控制的控制精度、动态响应和鲁棒性。

3.2 空气流量压力解耦闭环控制方法研究

燃料电池发动机的空气系统具有高转速、高压比、强耦合的特点，若控制算法设计得不合理，还容易造成离心式空压机的喘振，导致空压机失效，严重时会造成空压机叶片开裂，在高速旋转中可能造成安全隐患。随着燃料电池电堆的工作压力越来越高，燃料电池电堆运行的空气计量比越来越小，空气系统流量和压比之间的耦合越来越强，难度越来越大。因此，空气系统的控制方法一直是众多研究者们研究的课题。本章建立了空气子系统模型，并研究了本课题所研究的空气子系统的耦合程度，设计了动态干扰解耦控制算法，进而在燃料电池发动机系统中验证了该控制算法。仿真和验证结果表明，本课题设计的动态干扰解耦控制算法，在响应速度和控制精度方面优于PID算法，表现出较强的解耦能力。

3.2.1 空气子系统建模

空气系统子模型包括空压机模型、增湿器模型、进气歧管模型、燃料电池阴极模型、排气歧管模型和分水器模型。

对空压机直接用稳态MAP图进行建模，如图3-7所示，考虑到空压机的惯性，在稳态工作点之间切换时的动态过程用一阶惯性环节表示，动态时间常数在1s左右。

增湿器为气/气增湿器，增湿后气体的露点温度取决于气体流量以及电堆排气温度 $T_{\text{dew,hum}} = f_3(W_{\text{cp}}, T_{\text{ca,out}})$。

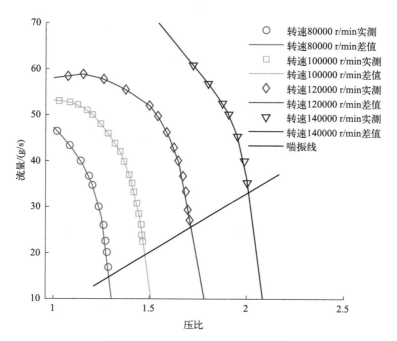

图 3-7 空压机 MAP 图及拟合曲线

水的饱和蒸气压由经验公式表述[1]：

$$\lg p_{sat}(t) = 2.953 \times 10^{-2} t - 9.1837 \times 10^{-5} t^2 + 1.4454 \times 10^{-7} t^3 - 2.1794 \tag{3-12}$$

其中，饱和蒸气压 $p_{sat}(t)$ 的单位为 bar（$1bar = 10^5 Pa$），温度 t 的单位为℃。

在增湿器干侧入口的水蒸气体积分数与环境温度 T_{atm}、环境湿度 ϕ_{atm}、大气压 p_{atm} 相关，为：

$$x_{vap\_atm} = \frac{p_{sat}(T_{atm}) \phi_{atm}}{p_{atm}} \tag{3-13}$$

在增湿器干侧出口的水蒸气体积分数为：

$$x_{vap\_hum} = \frac{p_{sat}(T_{dew,hum})}{p_{sm}} \tag{3-14}$$

式中，p_{sm} 为进气歧管内的压力。

认为增湿过程为定压加湿过程，增湿后的空气流量 W_{hum_out} 可由干空气质量守恒求得：

$$W_{hum\_out} = W_{cp} \frac{w_{dry\_in}}{w_{dry\_out}} \tag{3-15}$$

式中，$w_{\text{dry\_in}}$ 为增湿器前的干空气质量分数：

$$w_{\text{dry\_in}} = \frac{(1-x_{\text{vap\_atm}})M_{\text{mixair}}}{(1-x_{\text{vap\_atm}})M_{\text{mixair}} + x_{\text{vap\_atm}}M_{H_2O}} \tag{3-16}$$

$w_{\text{dry\_out}}$ 为增湿器后的干空气质量分数：

$$w_{\text{dry\_out}} = \frac{(1-x_{\text{vap\_hum}})M_{\text{mixair}}}{(1-x_{\text{vap\_hum}})M_{\text{mixair}} + x_{\text{vap\_hum}}M_{H_2O}} \tag{3-17}$$

式中，M_{mixair} 为混合空气的摩尔质量；M_{H_2O} 为水的摩尔质量。

进气歧管内的压力由下式计算：

$$\frac{dp_{\text{sm}}}{dt} = \frac{R_M T_{\text{sm}}}{V_{\text{sm}} M_{\text{sm}}}(W_{\text{hum\_out}} - W_{\text{sm\_out}}) \tag{3-18}$$

式中，V_{sm} 为进气歧管集总容腔；T_{sm} 为进气歧管内空气的温度；M_{sm} 为进气歧管内空气的摩尔质量；R_M 为摩尔气体常数。进气歧管出口的流量 $W_{\text{sm\_out}}$ 可由下式近似表达：

$$W_{\text{sm\_out}} = k_{\text{sm\_out}}(p_{\text{sm}} - p_{\text{ca}}) \tag{3-19}$$

式中，p_{ca} 为电堆阴极内部压力；$k_{\text{sm\_out}}$ 为进气歧管到电堆阴极的孔口流量系数。

阴极出口流量同样由孔口流量系数近似表达：

$$W_{\text{ca\_out}} = k_{\text{ca\_out}}(p_{\text{ca}} - p_{\text{rm}}) \tag{3-20}$$

式中，p_{rm} 为阴极排气歧管内气体压力；$k_{\text{ca\_out}}$ 为电堆阴极到歧管出口的流量系数。

阴极排气在增湿器中经历等压除湿过程，认为在增湿器中气体温度降至干气温度，水蒸气分压降至干气温度下的饱和蒸气压。通过膜增湿器交换的水流量为：

$$W_{\text{transfered}} = W_{\text{ca,out}} \frac{y_{\text{vap\_out}} - y_{\text{vap\_dry}}}{1 - y_{\text{vap\_dry}}} \tag{3-21}$$

式中，$y_{\text{vap\_out}}$ 为阴极出口水的质量分数；$y_{\text{vap\_dry}}$ 为干气温度下的水的质量分数。

排气歧管内的气体压力为：

$$\frac{dp_{\text{rm}}}{dt} = \frac{R_M T_{\text{rm}}}{V_{\text{rm}} M_{\text{rm}}}(W_{\text{ca\_out}} - W_{\text{rm\_out}} - W_{\text{transfered}}) \tag{3-22}$$

式中，R_M 为摩尔气体常数；V_{rm} 为排气歧管集总容腔；M_{rm} 为排气歧管内空气的摩尔质量；$W_{\text{transfered}}$ 为通过膜增湿器交换的水流量。

流经背压阀的流量 $W_{\text{rm\_out}}$ 同样由孔口流量系数描述：

$$W_{rm\_out} = k_{rm\_out}(p_{rm} - p_{atm}) \tag{3-23}$$

在 Matlab/Simulink 中建立燃料电池空气系统模型，模型的输入为空压机转速、节气门流通面积、EGR 阀流通面积、燃料电池负载电流，模型的输出为阴极流量、进气歧管压力、EGR 阀流通流量。为了避免低电流密度条件下系统流阻与空压机工作区域不匹配导致空压机发生喘振，系统中设置了 EGR 阀，在低电流密度条件下打开一定的开度，将空压机输出的一部分流量旁通到大气中，使空压机的工作点右移至喘振线右侧，避免喘振。EGR 仅在小电流下发挥作用，对空气流量压力解耦闭环控制影响不大。

空气系统模型包括五个模块，即空压机模块、阴极进气歧管模块、阴极容腔模块、背压节气门模块和 EGR 阀模块。空压机模块为查表模块，根据压比和空压机转速查出空压机输出流量。阴极进气歧管模块为充排模型，同时考虑了在增湿器内的定压增湿过程。在阴极容腔模块中，对各气体组分进行了计算，根据充排模型和质量守恒定律，计算了每个组分的分压及质量分数。背压节气门和 EGR 阀模块均为拉伐尔喷管模型，用孔口流量系数近似，根据流通面积和前后压差计算流通的流量。背压节气门模块还考虑了在增湿器湿侧等压除湿过程所消耗的排气中的水蒸气流量。

基于上述模型，本课题研究了空气子系统模型的耦合特性。图 3-8 和图 3-9 分别展示了背压节气门开度、空压机转速对流量及压比的影响程度。可以看到，当节气门开度＞30%，即空压机工作在大流量小压比的工作区域，此时流量对空压机转速的变化敏感，对节气门开度的变化不敏感；而压比对空压机转速的变化不敏感，对节气门开度的变化敏感。

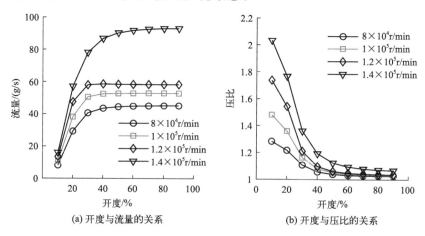

(a) 开度与流量的关系　　(b) 开度与压比的关系

图 3-8　相同空压机转速下，背压节气门开度与流量及压比之间的关系

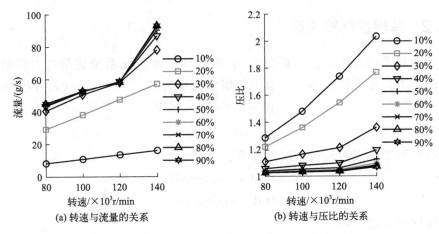

图 3-9 相同背压节气门开度下，空压机转速与流量及压比之间的关系

当节气门开度≤30%，即空压机工作在小流量大压比的工作区域，此时流量对空压机转速和节气门开度的变化都敏感，压比对空压机转速和节气门开度的变化都敏感。在此区域内，若维持空压机转速不变，降低节气门开度既会导致压比提高，也会导致流量降低；若维持节气门开度不变，提高空压机转速既会导致流量升高，也会导致压比提高。在此区域内，空气系统呈现较大的耦合特性。如图 3-10 所示，空压机的工作区域可以分为强耦合区和弱耦合区。

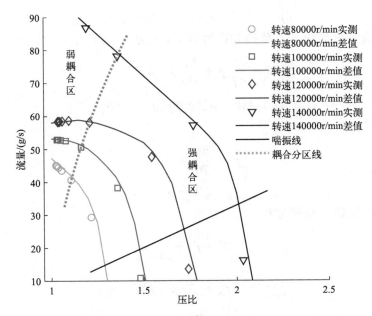

图 3-10 空压机工作区域耦合程度分区图示

3.2.2 解耦控制算法设计

本课题采用自抗扰控制算法[1]实现燃料电池空气系统流量压力的解耦闭环控制。为表述方便，将 3.1 节中的模型简写为式（3-24）的状态方程形式：

$$\begin{cases} \dot{W} = g_1(p,n) - bW \\ \dot{p} = kW - g_2(\theta)p \end{cases} \tag{3-24}$$

在以下工作点附近进行线性展开：

$$\begin{cases} g_1(p_0, n_0) = bW_0 \\ kW_0 = g_2(\theta_0)p_0 \end{cases} \tag{3-25}$$

线性展开过程如下：

$$\begin{cases} \delta\dot{W} = g_1(p_0 + \delta p, n_0 + \delta n) - b(W_0 + \delta W) \\ \delta\dot{p} = k(W_0 + \delta W) - g_2(\theta_0 + \delta\theta)(p_0 + \delta p) \end{cases} \tag{3-26}$$

进行偏微分近似：

$$\begin{cases} \delta\dot{W} = g_1(p_0, n_0) + \dfrac{\partial g_1}{\partial p}\delta p + \dfrac{\partial g_1}{\partial n}\delta n - bW_0 - b\delta W \\ \delta\dot{p} = kW_0 + k\delta W - g_2(\theta_0)p_0 - g_2'(\theta_0)p_0\delta\theta - g_2(\theta_0)\delta p \end{cases} \tag{3-27}$$

将工作点条件代入：

$$\begin{cases} \delta\dot{W} = \dfrac{\partial g_1}{\partial p}\delta p + \dfrac{\partial g_1}{\partial n}\delta n - b\delta W \\ \delta\dot{p} = k\delta W - g_2'(\theta_0)p_0\delta\theta - g_2(\theta_0)\delta p \end{cases} \tag{3-28}$$

为了表示更加简洁，替换 δW 为 W，δp 为 p，δn 为 n，$\delta\theta$ 为 θ：

$$\begin{cases} \dot{W} = \dfrac{\partial g_1}{\partial p}p + \dfrac{\partial g_1}{\partial n}n - bW \\ \dot{p} = kW - g_2'(\theta_0)p_0\theta - g_2(\theta_0)p \end{cases} \tag{3-29}$$

令：

$$\begin{cases} f_1 = \dfrac{\partial g_1}{\partial p}p - bW \\ f_2 = kW - g_2(\theta_0)p \end{cases} \tag{3-30}$$

得到扩展状态空间方程：

$$\begin{cases} \dot{W} = f_1 + \dfrac{\partial g_1}{\partial n}n \\ \dot{f_1} = \dfrac{\partial g_1}{\partial p}\dot{p} - b\dot{W} \\ y_1 = W \end{cases} \tag{3-31}$$

$$\begin{cases} \dot{p} = f_2 - g_2'(\theta_0)p_0\theta \\ \dot{f}_2 = k\dot{W} - g_2(\theta_0)\dot{p} \\ y_2 = p \end{cases} \tag{3-32}$$

设计扩展状态观测器：

$$\begin{cases} \dot{\hat{W}} = \hat{f}_1 + 2\omega_1(W-\hat{W}) + \dfrac{\partial g_1}{\partial n}n \\ \dot{\hat{f}}_1 = \omega_1^2(W-\hat{W}) \end{cases} \tag{3-33}$$

$$\begin{cases} \dot{\hat{p}} = \hat{f}_2 + 2\omega_2(p-\hat{p}) - g_2'(\theta_0)p_0\theta \\ \dot{\hat{f}}_2 = \omega_2^2(p-\hat{p}) \end{cases} \tag{3-34}$$

设计控制率：

$$\begin{cases} n = \dfrac{k_1(W_{tgt}-\hat{W}) - \hat{f}_1 + \dot{W}_{tgt}}{\dfrac{\partial g_1}{\partial n}} \\ \theta = \dfrac{k_2(p_{tgt}-\hat{p}) - \hat{f}_2 + \dot{p}_{tgt}}{-g_2'(\theta_0)p_0} \end{cases} \tag{3-35}$$

则状态空间式（3-29）转化为：

$$\begin{cases} \dot{W} = f_1 - \hat{f}_1 + k_1(W_{tgt}-\hat{W}) + \dot{W}_{tgt} \\ \dot{p} = f_2 - \hat{f}_2 + k_2(p_{tgt}-\hat{p}) + \dot{p}_{tgt} \end{cases} \tag{3-36}$$

通过调节状态观测器参数 ω_1 和 ω_2，使得 $\hat{f}_1$ 和 $\hat{f}_2$ 分别逼近 f_1 和 f_2。通过调节控制率中的参数 k_1 和 k_2，在响应速度和稳定性之间找到平衡。采用式（3-35）中的控制率对 3.1.1 中模型控制的效果如图 3-11 和图 3-12 所示。解耦控制的流量控制误差为 $+3.20\sim-2.59$g/s，从目标流量阶跃差值的 10% 上升到 90% 所需的时间为 0.39s。解耦控制的压力控制误差为 $+2.68\sim-4.81$kPa，从目标压力阶跃差值的 10% 上升到 90% 所需的时间为 0.40。PID 控制的流量控制误差为 $+3.00\sim-2.91$g/s，从阶跃差值的 10% 上升到 90% 所需的时间为 0.99s；PID 控制的压力控制误差为 $+4.82\sim-1.27$kPa，从阶跃差值的 10% 上升到 90% 所需的时间为 0.69s。综上，与 PID 控制相比，解耦控制具有更高的响应速度，动态压力闭环控制的正向超调量更小。

3.2.3　解耦控制算法验证

将 3.1.2 中设计的解耦控制算法用于燃料电池空气子系统控制，在 60kW 发

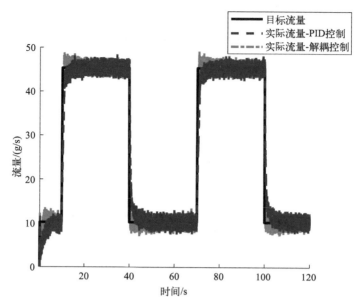

图 3-11　流量闭环控制仿真结果

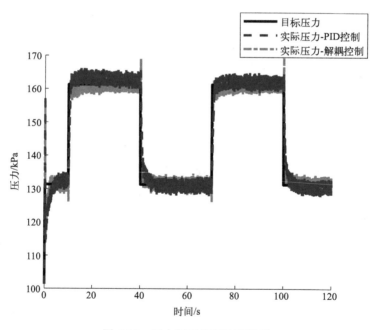

图 3-12　压力闭环控制仿真结果

动机测试台上的验证结果如图 3-13 所示，压力控制误差为 +0.8～-0.8kPa，流量控制误差为 +0.9～-0.6g/s。在实际运行过程中，空压机转速变化较小，节气门开度呈现小幅度的高频调节。

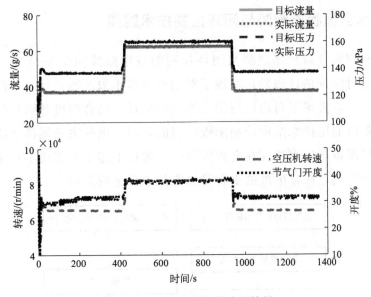

图 3-13 压力闭环控制验证结果

3.3 电堆水含量状态观测与闭环控制研究

电堆内部的水含量，对燃料电池的运行状态非常重要。若水含量过低，容易造成电堆膜干，电堆持续膜干将造成燃料电池的内阻增加，性能降低。同时，电堆持续膜干将造成膜发热量增大，膜局部温度提高，严重时将产生穿孔，串漏量增大。电堆在持续膜干的状态下工作，容易产生过氧化氢，过氧化氢将攻击膜使膜产生裂解，加速膜的裂化，产生穿孔，串漏量增大。若水含量过高，容易造成电堆水淹，过多的液态水堵塞气体传输通道，与传质相关的浓差极化增大，电堆性能下降。阳极局部水淹还将导致局部缺氢，产生反向电流效应，引起对应阴极的催化剂层碳载体加速腐蚀，造成催化剂颗粒脱落聚集，有效反应面积下降，加速性能衰减。然而，目前针对电堆内部水含量没有直接的测量方法，采用交流阻抗只能测量膜内的水含量，而且在电堆适宜的工作区间内，交流阻抗的变化对水含量的变化不敏感。因此，设计算法针对电堆内部水含量状态进行精确的观测，并针对观测结果进行闭环控制，对燃料电池的性能和寿命非常重要[2]。

3.3.1 水含量状态观测与闭环控制技术路线

课题实现水含量状态观测与闭环控制的技术路线如图 3-14 所示。课题从阳极氢气瞬时流量估计出发，实现了对阳极尾排水浓度的估计；从阴极电堆进出口压差出发，实现了对阴极尾排水浓度的估计；结合阳极和阴极的尾排水浓度，根据阳极的尾排水浓度控制阳极吹扫的时间，根据阴极尾排水浓度控制入堆水温使得阴极尾排水浓度在合理区间内。通过上述手段实现了对电堆内部水含量的闭环控制，保证电堆的水含量始终处于合适的范围。

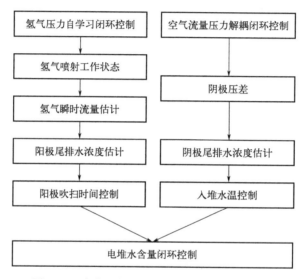

图 3-14 水含量状态观测与闭环控制技术路线

3.3.2 氢气瞬时流量估计

由式（3-1）可知，利用氢气喷嘴特性、喷嘴上游压力、喷嘴下游压力、气体温度等参数可计算氢气瞬时流量。为了在批量生产的燃料电池发动机中实现该功能，需要将氢气喷嘴的直径以及指定压差下氢气喷嘴全开时的流量这两个参数设置为重要特性，严格控制批量生产时的氢气喷嘴特性一致性。图 3-15 为燃料电池发动机运行过程中，氢气喷射占空比随各参数变化的测试数据。氢气喷射占空比随燃料电池输出电流变化较为显著，同时由于吹扫动作，氢气喷射占空比随着吹扫有一定的波动。由于氢气喷射器上游由减压阀提供压力，减压阀后端容腔较小且减压阀阀芯惯性较大，氢气喷射入口压力随吹扫动作呈现较大的波动。虽然氢气喷射入口压力波动较大，在氢气喷射的高频闭环控制下，氢气喷射出口压力仍然保持较稳定的状态。

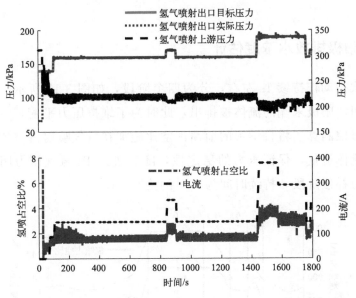

图 3-15　燃料电池发动机氢气喷射占空比随各参数变化的测试数据

图 3-16 所示为通过式（3-1）估计出的氢气流量与实测氢气流量的对比，可以看到实测流量与估计流量基本一致，误差在 5% 以内。由于采用式（3-1）

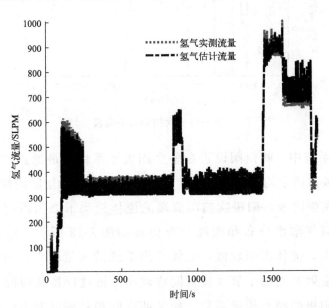

图 3-16　氢气实测流量和估计流量对比
1SLPM＝1L/min（在标准温度和压力下）

估计氢气流量，温度使用发动机控制器采集的环境温度，与氢气喷射器中的氢气温度有一定的差异，这些差异是导致估计流量发生一定偏差的主要原因之一。

3.3.3 阳极排放水浓度估计

一次吹扫动作持续 1s 左右，分为四个阶段，如图 3-17 所示。在吹扫阀开启的一瞬间，阳极末端的流体被排出，此时为了维持压力平衡，氢气喷射压力闭环自学习控制算法将自学习的前馈占空比施加在氢气喷射占空比上，瞬间补充排出的流体流量，保证压力的稳定性，随后进入 PI 氢气压力闭环调节。该阶段为压力补偿阶段，持续时间为 t_1，约为 0.1s。

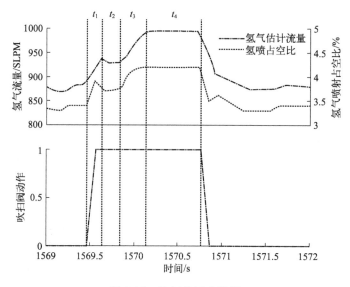

图 3-17 吹扫的四个阶段

在 G60 系统中，吹扫阀设置在整个阳极子系统的最低点，在两次吹扫的间隔内，阳极内的水均会在吹扫阀前端聚集。在压力补偿阶段结束之后，进入排水阶段。在该阶段，阳极吹扫阀前端的流体流动形态为段塞流，该阶段吹扫阀附近的氢气浓度分布和速度分布仿真如图 3-18 所示。由于液态水流动阻力比气体大，流体流速较慢，流体排出系统的流量较小。为了维持阳极压力，从氢气喷射补充的干氢气流量同样较小。该过程持续时间为 t_2，与燃料电池阴极到阳极的净水传递系数，相邻两次吹扫动作的间隔时间，以及运行工况相关。

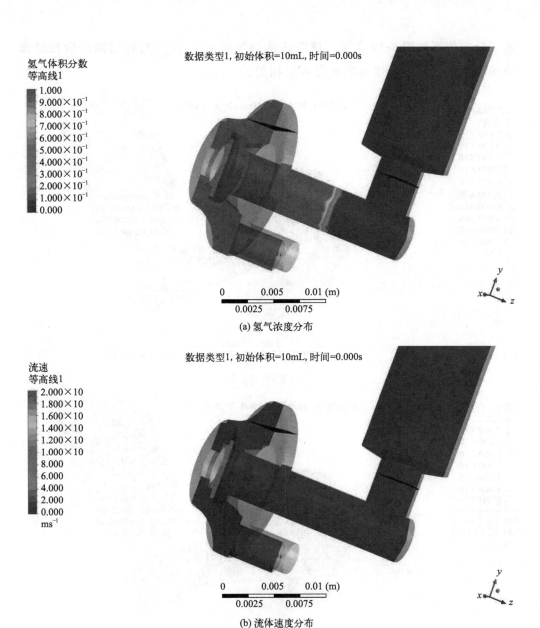

图 3-18 排水阶段的氢气浓度分布和速度分布仿真

随着大量液态水的排出，流体中的液态水含量减少，液态水无法继续维持段塞流的流动形态，逐渐从段塞流转变为膜状流。在此阶段，气体和液体同时通过吹扫阀的阀芯排入尾排管内，液态水在气流切向力的推动下沿管壁流动。膜状流的流阻较段塞流小，为保持阳极压力稳定，从氢气喷射补充的干氢气流量较大。本书称该阶段为气液混排阶段，该阶段吹扫阀附近的氢气浓度分布和速度分布仿真如图 3-19 所示。该阶段的持续时间 t_3 同样与相邻两次吹扫动作的间隔内吹扫阀前端聚集的液态水量相关。

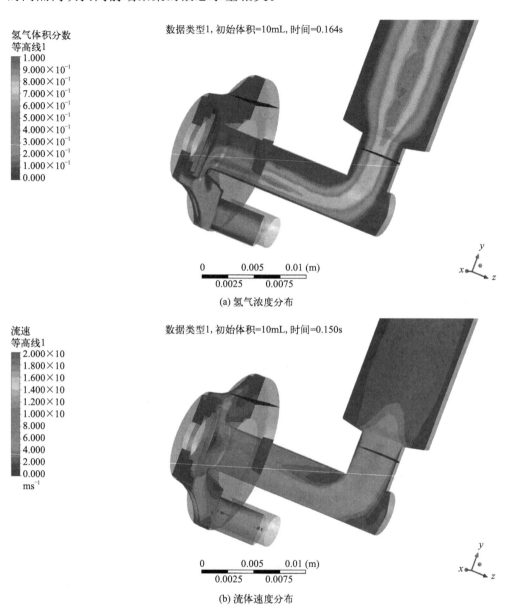

图 3-19 气液混排阶段的氢气浓度分布和速度分布仿真

在一次吹扫动作的最后阶段，液态水已经基本排空，进入单向流的排气阶段。该阶段的持续时间 t_4 应尽量短，避免排出过多氢气，以提高燃料电池发动机氢气利用率。该阶段吹扫阀附近的氢气浓度分布和速度分布仿真如图 3-20 所示。

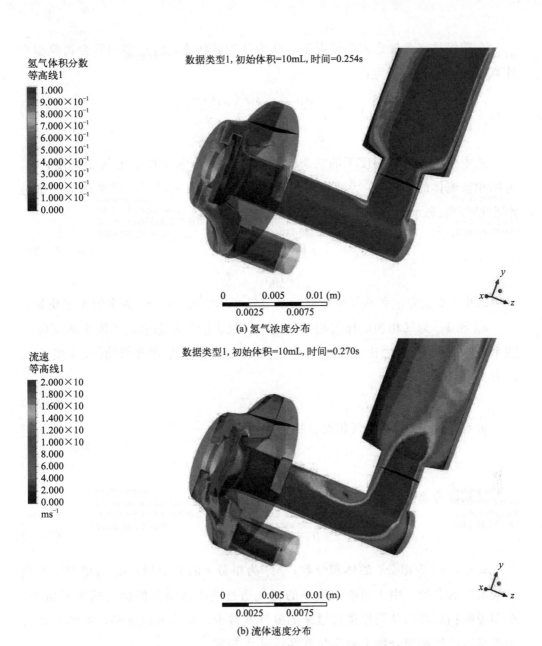

图 3-20 排气阶段的氢气浓度分布和速度分布仿真

氢喷出口压力是闭环控制的,阳极 purge 阀出口近似为大气压,和氢喷出口之间维持恒定压差。在恒定的压差下,阳极排气中水浓度的变化导致阳极流阻发生变化,最终导致进入系统干氢气的流量发生变化。课题利用 purge 过程中氢气流量的变化,估计出氢气尾排流体中的水浓度,进而用于观测膜内的水含量。

在阳极排气含液态水的情况下，认为其为雾状流，按照多相混合物模型[3]计算流体的动力黏度为：

$$\mu_{TP} = \frac{\rho_{TP}}{\frac{k_{rl}}{v_l} + \frac{k_{rg}}{v_g}} = \frac{\rho_l s + \rho_g (1-s)}{\frac{k_{rl}}{v_l} + \frac{k_{rg}}{v_g}} \quad (3\text{-}37)$$

式中，ρ_l 为当前温度下的液态水密度；ρ_g 为当前温度下的气相密度；ρ_{TP} 为两相流流体的密度；s 为液态水饱和度，将水的气液两相浓度考虑为一个总浓度 C_w，液态水饱和度和水的摩尔浓度之间存在以下关系：

$$s = \frac{C_w - C_{sat}}{\frac{\rho_l}{M_{H_2O}} - C_{sat}} \quad (3\text{-}38)$$

式中，C_{sat} 为饱和蒸气压对应的水蒸气摩尔浓度；M_{H_2O} 为水的摩尔质量。

k_{rl} 和 k_{rg} 为气相和液相的相对渗透率，代表给定液态水饱和度下的实际渗透率与本征渗透率之比。在本书中，假定相对渗透率等于该相饱和度的三次方：

$$k_{rl} = s^3, \quad k_{rg} = (1-s)^3 \quad (3\text{-}39)$$

v_l 和 v_g 为液态水和气相混合物的运动黏度：

$$v_l = \frac{\mu_l}{\rho_l}, \quad v_g = \frac{\mu_g}{\rho_g} \quad (3\text{-}40)$$

气相混合物的动力黏度为：

$$\mu_g = \frac{\sum x_i M_i^{0.5} \mu_i}{\sum x_i M_i^{0.5}} \quad (3\text{-}41)$$

式中，x_i 为组分 i 的体积分数；M_i 为组分 i 的分子量；μ_i 为组分 i 在当前温度下的黏度。由于阴极空气中的氮气透过膜渗透到阳极侧的速率非常小，在阳极吹扫周期内从阴极渗透过来的氮气非常少，几乎可以忽略，本课题认为阳极排出的气相混合物主要为氢气和饱和水蒸气。

干氢气在不同温度下的黏度如下，单位为 Pa·s：

$$\mu_{H_2} = [0.1725 t_g + 86.7 - |t_g - 200| \times 2.5 \div 200] \times 10^{-7} \quad (3\text{-}42)$$

水蒸气在不同温度下的黏度如下，单位为 Pa·s：

$$\mu_{vap} = \frac{0.61839 \times 10^{-6} T_g^{0.67779}}{1 + 847.23/T_g - 73930/T_g^2} \quad (3\text{-}43)$$

液态水在不同温度下的黏度如下，单位为 Pa·s：

$$\mu_1 = \frac{0.001779}{1 + 0.03368 t_g + 0.000221 t_g^2} \tag{3-44}$$

式中，T_g 为当前流体热力学温度，K；$t_g = T_g - 273.15$，为当前流体温度，℃。

阳极排出气相混合物的密度由下式计算：

$$\rho_g = \frac{p_{an} - p_{sat}(t_g)}{p_{an}} \rho_{H_2} + \frac{p_{sat}(t_g)}{p_{an}} \rho_{vap} \tag{3-45}$$

式中，p_{an} 为阳极压力；ρ_{H_2} 为当前流体温度下的氢气密度；ρ_{vap} 为当前流体温度下的水蒸气密度。水的饱和蒸气压 $p_{sat}(t_g)$ 由式（3-12）表述。

饱和蒸气压对应的水蒸气摩尔浓度 C_{sat} 为：

$$C_{sat} = \frac{p_{sat}(t_g)}{R(t_g + 273.15)} \tag{3-46}$$

从氢气喷射出口到燃料电池发动机阳极吹扫阀出口的两相流压降为：

$$\left(\frac{dp}{dz}\right)_{TP} = \frac{2 f_{TP} Q^2}{A^2 D_h \rho_{TP}} \tag{3-47}$$

式中，z 为沿流动方向的长度；f_{TP} 为两相流摩擦因子；Q 为吹扫时排出系统的质量流率，为经过氢气喷射器的干氢气流量减去电化学反应的理论消耗氢气流量以及通过膜串漏到阴极的氢气流量；A 为流通截面面积；D_h 为水力直径；ρ_{TP} 为两相流流体密度。两相流摩擦因子与排气流动的雷诺数相关[4]：

$$f_{TP} = \begin{cases} 16 Re_{TP}^{-1}, & Re_{TP} < 2 \times 10^3 \\ 0.079 Re_{TP}^{-0.25}, & 2 \times 10^3 \leq Re_{TP} < 2 \times 10^4 \\ 0.046 Re_{TP}^{-0.2}, & Re_{TP} \geq 2 \times 10^4 \end{cases} \tag{3-48}$$

由于阳极流量较小，雷诺数较小，这里假设阳极雷诺数小于 2×10^3。根据阳极吹扫过程中的氢气流量，首先假设排气存在液态水，求解三次方程得液态水饱和度：

$$\Delta p = \frac{2 L f_{TP} Q^2}{A^2 D_h \rho_{TP}} = \frac{32 L \mu_{TP} Q^2}{A^2 D_h^2 \rho_{TP}^2 c} \tag{3-49}$$

式中，L 为流道长度；c 为流体流速，有 $Q = \rho_{TP} A c$，则上式可进一步化简为：

$$\Delta p = \frac{32 L \mu_{TP} Q}{A D_h^2 \rho_{TP}} = \frac{32 L}{A D_h^2} \times \frac{Q}{\frac{k_{rl}}{v_l} + \frac{k_{rg}}{v_g}} = \frac{32 L}{A D_h^2} \times \frac{Q}{\frac{s^3}{v_l} + \frac{(1-s)^3}{v_g}} \tag{3-50}$$

令：

$$K_{\mathrm{an}}=\frac{AD_{\mathrm{h}}^2\Delta p}{32L} \tag{3-51}$$

则有：

$$\frac{Q}{K_{\mathrm{an}}}=\frac{s^3}{v_1}+\frac{(1-s)^3}{v_{\mathrm{g}}} \tag{3-52}$$

求解 s 的一元三次方程为：

$$s^3-\frac{3v_1}{v_1-v_{\mathrm{g}}}s^2+\frac{3v_1}{v_1-v_{\mathrm{g}}}s+\frac{Qv_{\mathrm{g}}v_1}{K_{\mathrm{an}}(v_1-v_{\mathrm{g}})}-\frac{v_1}{v_1-v_{\mathrm{g}}}=0 \tag{3-53}$$

设 $x=s-\dfrac{v_1}{v_1-v_{\mathrm{g}}}$，转化为卡丹公式：

$$x^3+px+q=0 \tag{3-54}$$

其中，$p=-\dfrac{3v_1v_{\mathrm{g}}}{(v_1-v_{\mathrm{g}})^2}$，$q=\left(\dfrac{Qv_{\mathrm{g}}}{K_{\mathrm{an}}}-1\right)\dfrac{v_1}{v_1-v_{\mathrm{g}}}+\dfrac{v_1^3-3v_1^2v_{\mathrm{g}}}{(v_1-v_{\mathrm{g}})^3}$

求出卡丹公式的一个解：

$$x_1=\sqrt[3]{-\frac{q}{2}+\sqrt{\left(\frac{q}{2}\right)^2+\left(\frac{p}{3}\right)^3}}+\sqrt[3]{-\frac{q}{2}-\sqrt{\left(\frac{q}{2}\right)^2+\left(\frac{p}{3}\right)^3}} \tag{3-55}$$

进而求出液态水饱和度 s 为：

$$s=\left[\frac{v_1\left(\dfrac{Qv_{\mathrm{g}}}{K_{\mathrm{an}}}-1\right)}{(v_1-v_{\mathrm{g}})^2}-C_1-C_2\right]^{1/3}+\left[\frac{v_1\left(\dfrac{Qv_{\mathrm{g}}}{K_{\mathrm{an}}}-1\right)}{(v_1-v_{\mathrm{g}})^2}+C_1-C_2\right]^{1/3}+\frac{v_1}{v_1-v_{\mathrm{g}}} \tag{3-56}$$

其中：

$$C_1=\left\{\left[C_2-\frac{v_1\left(\dfrac{Qv_{\mathrm{g}}}{K_{\mathrm{an}}}-1\right)}{(v_1-v_{\mathrm{g}})^2}\right]^2-\left[\frac{v_1v_{\mathrm{g}}}{(v_1-v_{\mathrm{g}})^2}\right]^3\right\}^{1/2} \tag{3-57}$$

$$C_2=\frac{v_1^3-3v_1^2v_{\mathrm{g}}}{2(v_1-v_{\mathrm{g}})^3} \tag{3-58}$$

图 3-21 所示为一次吹扫动作下阳极的排气液态水饱和度估计结果。对应一次吹扫动作过程的四个阶段，液态水饱和度存在迅速上升（t_1）、保持稳定（t_2）、迅速下降（t_3）、维持低值（t_4）四个阶段。在实际运行过程中，应尽量在迅速下降（t_3）阶段结束时停止吹扫，关闭吹扫阀，避免排出多余氢气。

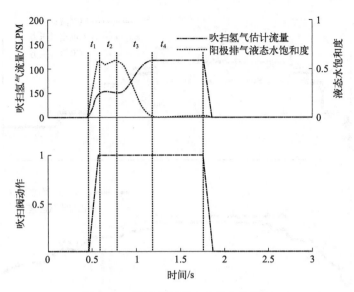

图 3-21 阳极排气液态水饱和度估计

3.3.4 阴极排放水浓度估计

在相同电流下,燃料电池入堆空气流量以恒定计量比方式控制,入堆空气压力以恒压方式控制。燃料电池运行过程中的入堆空气和出堆空气参数如图 3-22 所示。从测试结果可以看到,在 290A 和 378A 的工作电流下,出堆空气压力基本不变,入堆空气压力在两个工作电流下差异较大,因此在不同电流下电堆阴极的压差不同。

电堆阴极的压差受到过量系数、电流密度、进气湿度、运行温度、流场设计、GDL(气体扩散层)层疏水性、活性面积等多个变量的影响,比较复杂[5]。李跃华等[6]研究了燃料电池阴极单相流压差 $\Delta p_{c,g}$ 与上述变量之间的关系,假设阴极流道内为均质单相混合气,沿流道方向不同位置的氧气消耗率相同,忽略气体横穿气体扩散层到相邻流道的流量,燃料电池阴极单相流压差 $\Delta p_{c,g}$ 等于沿程压降 $\Delta p_{f,g}$ 与局部压降 $\Delta p_{l,g}$ 的和:

$$\Delta p_{c,g} = \Delta p_{f,g} + \Delta p_{l,g} \tag{3-59}$$

其中,单相流沿程压降 $\Delta p_{f,g}$ 与流道长度 L、流道个数 n、单流道横截面积 A、单流道截面的水力直径 D_h、流体温度 T_c、入堆空气压力 $p_{c,in}$、入堆相对湿度 $\phi_{c,in}$、当前温度下的饱和蒸气压 p_{sat}、燃料电池电流 I_{fc} 及空气过量系数 λ 相关:

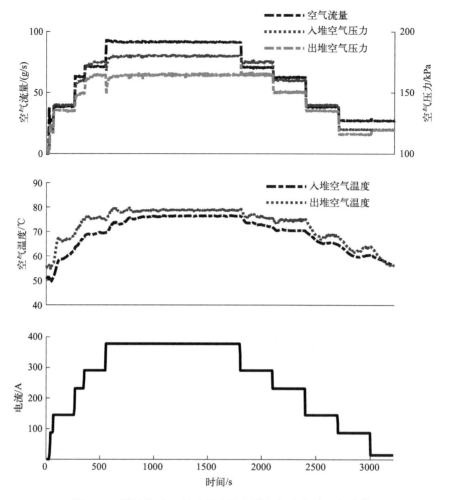

图 3-22 燃料电池运行过程中的入堆空气和出堆空气参数

$$\Delta p_{\mathrm{f,g}}=1.907\times10^{-10}\frac{L}{nAD_{\mathrm{h}}^{2}}\times\frac{R_{\mathrm{m}}T_{\mathrm{c}}^{1.6392}}{p_{\mathrm{c,in}}-\phi_{\mathrm{c,in}}p_{\mathrm{sat}}}I_{\mathrm{fc}}\lambda \tag{3-60}$$

式中，R_{m} 为入堆空气的气体常数。

单相流局部压降 $\Delta p_{\mathrm{l,g}}$ 与综合局部损失系数 ζ、电堆单片阴极进口总管截面积 $A_{\mathrm{c,in}}$、入堆空气压力 $p_{\mathrm{c,in}}$、入堆相对湿度 $\phi_{\mathrm{c,in}}$、当前温度下的饱和蒸气压 p_{sat}、燃料电池电流 I_{fc} 及空气过量系数 λ 相关：

$$\Delta p_{\mathrm{l,g}}=7.609\times10^{-14}\frac{\zeta}{A_{\mathrm{c,in}}^{2}}\times\frac{R_{\mathrm{m}}T_{\mathrm{c}}(29p_{\mathrm{c,in}}-11\phi_{\mathrm{c,in}}p_{\mathrm{sat}})}{(p_{\mathrm{c,in}}-\phi_{\mathrm{c,in}}p_{\mathrm{sat}})^{2}}I_{\mathrm{fc}}^{2}\lambda^{2} \tag{3-61}$$

在单相流压差模型的基础上，认为阴极产生液态水后对压差的影响主要体现在流道被液态水部分占据导致流通面积的减小。由于阴极内空气流速较快，常用工况下的流动形态均为膜状流动,液态水占据的部分基本上为流道边缘。如图 3-23 所示为阴极流道示意图,流道高度为 H_{ch},流道宽度为 W_{ch},假设水膜占据了流道两侧壁面,单侧水膜厚度为 W_l。

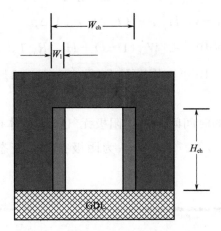

图 3-23 阴极两相流膜状流假设示意图

由上述假设可得阴极流道内的液态水饱和度 s:

$$s = \frac{2W_l}{W_{ch}} \tag{3-62}$$

两相流中的气相流通面积为:

$$A_{TP} = W_{ch}(1-s)H_{ch} \tag{3-63}$$

气相流动水力直径为:

$$D_{h,TP} = \frac{4A_{TP}}{C_{TP}} = \frac{2W_{ch}(1-s)H_{ch}}{W_{ch}(1-s)+H_{ch}} \tag{3-64}$$

式中,C_{TP} 为气相流动截面的周长。阴极压差与流道内液态水饱和度的关系为:

$$\begin{aligned}
\Delta p_c &= \Delta p_{f,g} + \Delta p_{l,g} \\
&= 1.907 \times 10^{-10} \times \frac{L[W_{ch}(1-s)+H_{ch}]^2}{4nW_{ch}^3(1-s)^3 H_{ch}^3} \times \frac{R_m T_c^{1.6392}}{p_{c,in} - p_{sat}} I_{fc} \lambda \\
&\quad + 7.609 \times 10^{-14} \times \frac{\zeta}{(1-s)^2 A_{c,in}^2} \times \frac{R_m T_c(29 p_{c,in} - 11 p_{sat})}{(p_{c,in} - p_{sat})^2} I_{fc}^2 \lambda^2
\end{aligned} \tag{3-65}$$

设计松弛形式的牛顿迭代算法,根据阴极压差计算阴极流道内液态水饱和度:

$$s_1 = s_0 - \varepsilon \frac{F(s)}{F'(s)} \tag{3-66}$$

式中,ε 为松弛因子,保证求解更加稳定,取 $\varepsilon = 0.5$。$F(s)$ 和 $F'(s)$ 分别为:

$$F(s)=1.907\times10^{-11}L[W_{ch}(1-s)+H_{ch}]^2 R_m T_c^{1.6392} A_{in}^2 (p_{c,in}-p_{sat})I_{fc}\lambda$$
$$+3.044\times10^{-13}\zeta n W_{ch}^3(1-s)H_{ch}^3 R_m T_c(29p_{c,in}-11p_{sat})I_{fc}^2\lambda^2$$
$$-4nW_{ch}^3(1-s)^3 H_{ch}^3 A_{in}^2 (p_{c,in}-p_{sat})^2\Delta p_c \tag{3-67}$$

$$F'(s)=12nW_{ch}^3(1-s)^2 H_{ch}^3 A_{in}^2 (p_{c,in}-p_{sat})^2\Delta p_c$$
$$-3.814\times10^{-10}L[W_{ch}(1-s)+H_{ch}]R_m T_c^{1.6392} A_{in}^2 (p_{c,in}-p_{sat})I_{fc}\lambda$$
$$-3.044\times10^{-13}\zeta n W_{ch}^3 H_{ch}^3 R_m T_c(29p_{c,in}-11p_{sat})I_{fc}^2\lambda^2 \tag{3-68}$$

在两次吹扫动作的时间间隔内,阳极无气体或液体排出,系统仅通过阴极向外排水,如图 3-24 所示。本课题认为阴极排放的液态水饱和度即为阴极内部的液态水饱和度。

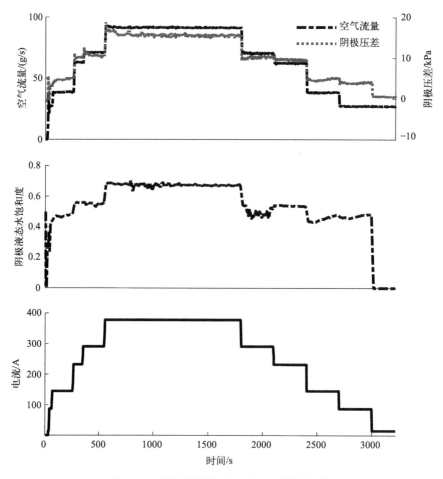

图 3-24 阴极排放液态水饱和度估计结果

3.3.5 水含量闭环控制算法设计与试验验证

在 1.2 节中介绍了电堆的敏感性测试结果，测试结果显示燃料电池对入堆空气湿度不敏感，水含量闭环控制算法的首要功能是避免电堆进入膜干或水淹的工作状态，在合适的水含量区间内，电堆的性能和高频阻抗变化不显著。通过对阴极和阳极尾排水浓度的闭环控制，能够维持电堆在良好的工作状态。

根据氢气尾排水浓度估计结果，当阳极尾排液态水饱和度降至 0 时，在本课题中认为阳极吹扫阶段进入排气阶段，此时立即关闭阳极吹扫阀。通过调节阳极吹扫阀的开启时间，确保每次吹扫都将阳极尾排处积累的液态水排出系统，同时避免过多的氢气排出电堆，保证氢气利用率。

根据阴极排放水浓度估计结果，调节入堆冷却水温度，维持阴极排放水浓度在合理范围内，该合理范围是通过系统标定得到的。当阴极排放液态水过多时，短时间内电堆的平均电压不会表现出明显变化，但伴随着每次阳极吹扫，最低单片电压会呈现突然升高的趋势。此时提高入堆冷却水温度能够改善阴极排放液态水过多的现象。当阴极排放液态水过少时，电堆的高频阻抗会随着时

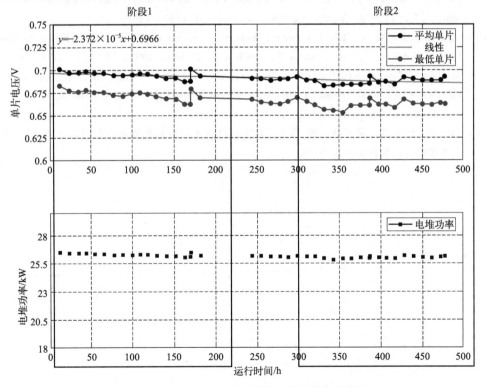

图 3-25 有无水含量闭环调节的电堆性能衰减率对比

间逐渐增大，电堆的输出电压也会逐渐减小，此时降低入堆冷却水温度能够改善阴极排放液态水过少的现象，使得高频阻抗恢复到正常范围内。

图3-25所示为有无水含量闭环调节的电堆性能衰减率对比，其中阶段1为无水含量闭环控制，平均单片和最低单片电压均在逐渐下降，此时电堆处于逐渐失水的状态，总运行时间182h，拟合衰减率为42.5μV/h；在阶段2加入了水含量闭环调节，可以看到平均单片和最低单片电压比较稳定，总运行时间178h，平均单片电压拟合斜率为正值，系统无可见衰减。测试结果证明，水含量闭环调节能够维持燃料电池的内部含水状态，避免电堆进入持续膜干或持续水淹的状态。

参考文献

[1] Nguyen T V, White R E. A water and heat management model for Proton-Exchange-Membrane fuel cells [J]. Journal of the Electrochemical Society, 1993, 140 (8): 2178-2186.

[2] Zheng Q, Chen Z, Gao Z, et al. A practical approach to disturbance decoupling control [J]. Control Engineering Practice, 2009, 17 (9): 1016-1025.

[3] Meng H, Wang C Y. Large-scale simulation of polymer electrolyte fuel cells by parallel computing [J]. Chemical Engineering Science, 2004, 59 (16): 3331-3343.

[4] Nguyen T V, White R E. A water and heat management model for Proton-Exchange-Membrane fuel cells [J]. Journal of the Electrochemical Society, 1993, 140 (8): 2178-2186.

[5] Mortazavi M, Tajiri K. Two-phase flow pressure drop in flow channels of proton exchange membrane fuel cells: review of experimental approaches [J]. Renewable and Sustainable Energy Reviews, 2015, 45: 296-317.

[6] 李跃华, 裴普成, 吴子尧, 等. 质子交换膜燃料电池阴极单相流压降模型及验证 [J]. 清华大学学报（自然科学版）, 2018.

第 4 章

燃料电池系统耐久性试验研究

在上述工作的基础上，针对60kW电堆进行了2000h耐久性试验验证，本章将对耐久性试验的过程、试验现象及结论进行详细描述。

4.1　耐久测试台架

图4-1所示为60kW燃料电池发动机耐久测试台架结构图，采用实验室氢气气源，将集装格内气压为2~15MPa的氢气减压至4bar（1bar＝10^5Pa）为燃料电池发动机供气。测试台将发动机的散热管路引出，采用板式换热器与实验室的冷水塔进行换热。将发动机的排气管路和补水管路均与板式换热器中的水箱相连，避免电堆中的气泡累积。60kW燃料电池发动机中的空压机电机及控制器需要额外的水冷散热，其适宜温度区间低于燃料电池发动机的温度区间，需要额外的辅助散热系统。60kW燃料电池发动机需要一套空滤总成，为其提供清洁的空气，同时空滤总成还集成了空气流量计，检测燃料电池的进气流量。60kW燃料电池发动机的输出与电子负载相连，电子负载将60kW燃料电池发动机输出的电能回馈到电网。测试台中的低压电源为60kW燃料电池发动机中的燃料电池控制器、氢气喷射器、节气门的低压用电器件提供24V

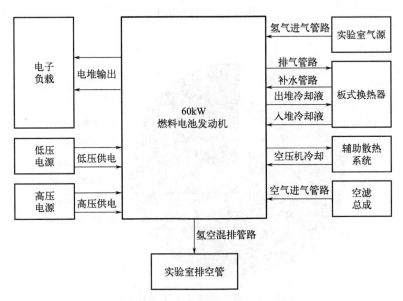

图4-1　60kW燃料电池发动机耐久测试台架结构图

低压供电，测试台中的高压电源为 60kW 燃料电池发动机中的高压水泵、空压机等高压用电部件提供 600V 的高压供电。燃料电池发动机的电堆阳极排气和阴极排气混合至一处排出发动机，通过实验室排空管排入大气。

4.2 耐久测试工况

如图 4-2 所示为耐久测试工况，按照客车工况折合为燃料电池耐久性测试工况，工作点占比如图 4-3 所示。大部分工作点在中等电流密度点，少量工作点位于低电流密度点和高电流密度点。

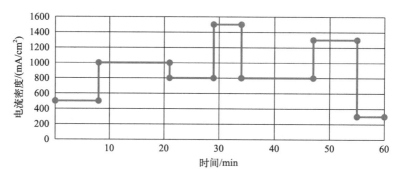

图 4-2 耐久测试工况

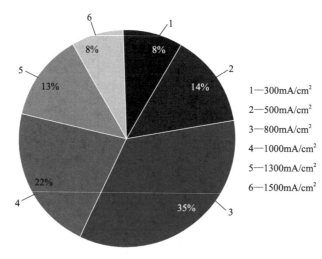

图 4-3 耐久测试工况工作点占比

前 150 个循环工况为间隔运行，每天运行 4~7 个循环工况，每约 20 个循环工况进行极化曲线和串漏流量测试。

第 151~200 个循环工况，每 25 个循环工况为一周期进行连续耐久工况测试，每个周期结束后，进行极化曲线和串漏流量测试。

从第 201 个循环工况起，以 50 个连续工况循环为一周期进行耐久测试，每个周期结束后，进行极化曲线和串漏流量测试。

4.3 耐久测试结果讨论

以耐久测试循环工况中 $1000\mathrm{mA/cm^2}$ 下的等电流衰减曲线为例介绍耐久测试过程。如图 4-4 所示，在整个 2000h 的耐久测试过程中，按照每个耐久测试循环起始时的平均单片电压，即按照不可逆衰减进行拟合，衰减率为 3.5%。排除部分试验过程异常造成的数据异常，可以看到整体平均单片电压呈现先上升后下降的趋势，这是由于耐久测试开始后的一段时间内，燃料电池在运行的过程中发生了微观层面的变化，反应通道逐步建立，在运行过程中完成了活化过程，随后进入衰减过程。因此，每个循环的循环起始阶段平均单片电压呈现先上升后下降的趋势。在每个循环周期内，单片电压呈现持续下降的趋势，排除试验过程异常造成的电压异常下降，仍然有 10mV 左右的电压衰减。

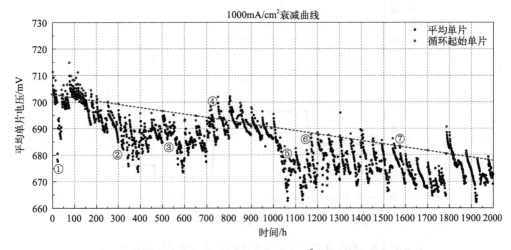

图 4-4 耐久测试循环工况中 $1000\mathrm{mA/cm^2}$ 下的等电流衰减曲线

每个循环周期结束后,进行吹扫和极化曲线测试,并进行氢空串漏测试。当启动下一个循环周期的耐久测试时,平均单片电压又能恢复上一个循环周期的起始单片电压水平。经分析可能是在运行过程中,阴极铂被逐步氧化导致活性面积逐步降低,平均单片电压逐渐降低。在两个循环周期之间的关机过程中,氢气从阳极渗透到阴极,将阴极的氧化铂还原成铂,燃料电池电堆催化剂层的活性面积恢复,再次启动耐久测试循环时,平均单片电压恢复,因此在一个测试循环内的平均单片电压衰减为可逆衰减。

前 30 个循环为测试调试阶段,出现操作界面误动作导致尾排节气门全开,此时空气流量压力闭环解耦控制优先压力闭环,导致空压机转速比正常时略高,导致节气门开度异常时,空气流量偏大。图 4-5 显示了背压节气门异常和正常时的空气路工作参数对比。节气门开度异常,持续为 90°,空气路流量压力闭环解耦控制算法优先调节压力,可以看到节气门开度异常时,空气入堆压力和节气门开度正常时的空气入堆压力一致,但流量差别特别大。为了维持相

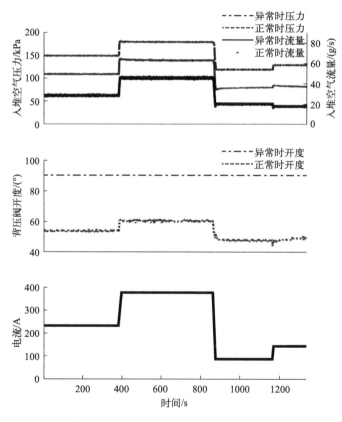

图 4-5　背压节气门异常和正常时的空气路工作参数对比

同的入堆压力，节气门开度异常时，仅靠电堆及排气管路形成的自然背压，入堆空气流量远大于节气门开度正常时的入堆空气流量。此时由于背压节气门开度异常，空气流量过剩，此时电堆阴极侧传质系数大大增强，从阴极排出的水增加，电堆会处于持续膜干的状态，阴极和阳极的含水量均会降低。

图 4-6 所示为背压节气门异常和正常时的含水量调节参数对比，可以看到闭环控制程序为了缓解膜干的情况，背压节气门异常时的入堆冷却液温度比背压节气门正常时的入堆冷却液温度低 2℃，这样能够降低阴极排气中水的浓度。同时，背压节气门异常时的吹扫阀开启时间也在 0.2s 左右，比背压节气门正常时的吹扫阀开启时间短 0.5～0.8s，这意味着背压节气门开度异常时，聚集在阳极吹扫阀前端的液态水减少了，每次吹扫只需要开启 0.2s 即可把聚

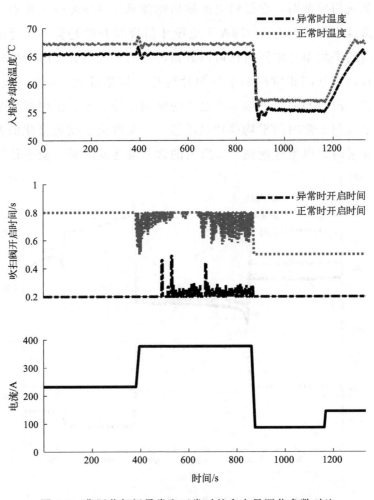

图 4-6　背压节气门异常和正常时的含水量调节参数对比

集的液态水排空。事实上，0.2s是程序设置的开启时间下限，实际上有可能开启0.2s已经进入了吹扫阀的排气阶段，此时氢气利用率较低。从图中可以看到，仅在大电流下，当燃料电池加载至378A，并持续运行90s左右后，偶尔出现阳极吹扫阀开启时间长于0.2s的情况。这说明在大电流下，燃料电池的产水量有增加，堆内含水量略微增加，阳极末端在吹扫阀上游出现少量液态水聚集。在燃料电池输出电流低于378A的工作点，水温调节和吹扫阀开启时间调节均已到最低限值，仍然无法缓解电堆持续膜干的趋势，在前30个循环，$1000mA/cm^2$电流密度下的平均单片电压迅速下降，出现30mV左右的平均单片电压衰减。

如图4-7所示，从背压节气门异常和正常时的平均单片电压对比也能看到，背压节气门异常时，在燃料电池输出电流低于378A的工作点，燃料电池的电压在持续下降，只有在378A下电压才呈现回升的趋势。从背压节气门异常和正常时的平均单片电压对比可以看到，背压节气门异常时的平均单片电压始终低于背压节气门正常时的平均单片电压，相差最大50mV。只有在378A工作点工作一段时间后，平均单片电压的差别才接近零，说明背压节气门异常时和背压节气门正常时的平均单片电压差，主要取决于欧姆极化的差异。当背压节气门异常时，电堆逐渐膜干，膜内的含水量逐渐降低，质子传导能力逐渐

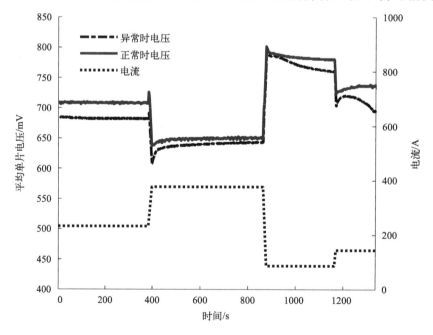

图4-7 背压节气门异常和正常时的平均单片电压对比

降低，欧姆阻抗逐渐增大，导致欧姆极化越来越显著。膜干的另一现象就是加载瞬间平均单片电压的瞬态下降幅度较大，这类似于断电法的原理。在60kW燃料电池发动机的控制策略中，在加载的前几秒，空气流量、空气压力、氢气压力已经完成了调节。在加载瞬间，电流变化速率较快，反应界面的气体浓度来不及发生变化，此时的瞬态电压主要取决于欧姆极化，而膜干较为显著的燃料电池，就会在此时体现出较大的瞬态电压降。

在第300～350个耐久测试循环，由于台架排水不畅，出现排气管路积水，此时在50个耐久测试循环的一个周期内，出现$1000mA/cm^2$电流密度下平均单片电压迅速衰减的情况，衰减幅度约20mV。从图4-8可以看到，排水不畅

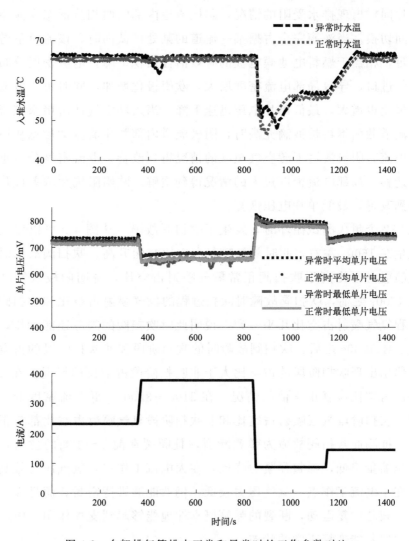

图4-8 台架排气管排水正常和异常时的工作参数对比

导致电堆阴极的水难以排出电堆，阴极压差增大，此时含水量闭环算法将燃料电池的入堆冷却液温度提高，从而提高阴极排水能力。从对比图可以看到，除去动态变载导致的温度波动外，在排气管路排水受阻时的稳态入堆冷却液温度，比在排气管路排水正常时的稳态入堆冷却液温度高1℃左右。从电压的响应来看，由于冷却液温度上升，反应活性提高，在排气管路排水受阻时的平均单片电压略高于在排气管路排水正常时的平均单片电压。在排气管路排水受阻时，最低单片电压稳态值与排气管路排水正常时几乎一致，但在排气管路排水受阻时，最低单片电压频繁出现向下的脉冲，这种现象在378A及以上的大电流工作点尤为显著。这是由于在排气管路排水受阻时，燃料电池电堆阴极内部部分单片同样出现排水受阻的情况，阴极流道内部的两相流形态在薄膜流和段塞流之间切换。当液滴完全占据某一流道的某处横截面时，该流道下游的空气供应不足，相当于燃料电池膜电极的有效活性面积下降，电流密度分布偏向于靠近空气进口，导致局部电流密度增大，欧姆极化增加，同时由于电流密度增大浓差极化也增大，最低单片电压迅速下降。当入堆空气冲击堵塞该流道的液滴使得流道截面不再被液滴充满时，阴极流道内部两相流流动形态从段塞流转换为薄膜流，阴极流道下游空气短缺的情况得到改善，电流密度分布重新向空气出口迁移，局部电流密度过大的情况得到缓解，欧姆阻抗和浓差极化过大的情况得到改善，最低单片电压恢复。

在532个耐久测试循环时，发生了吹扫阀故障，从图4-9可以看到吹扫阀故障发生在1600s左右，此时氢气喷射占空比突然升高。吹扫阀故障时的非吹扫氢气喷射占空比高于吹扫阀正常氢气喷射占空比，说明阳极氢气已经有泄漏。在1700s之前，吹扫阀故障时吹扫过程的氢气喷射占空比和吹扫阀正常时吹扫过程氢气喷射占空比几乎一致，说明此时吹扫阀的阀芯还能动作，只是密封失效。在1700s之后，吹扫阀故障时的吹扫阶段和非吹扫阶段的占空比基本一致，偶尔出现吹扫阶段的占空比大于非吹扫阶段占空比的情况。在2700s处出现一次占空比恢复正常值的情况。在3100～3200s，低电流密度下，氢气压力较低，吹扫阶段氢气喷射占空比和非吹扫阶段氢气喷射占空比都与正常时相差不大。推测此吹扫阀故障为弹簧断裂，且断裂在前1~2圈的位置，断裂导致弹簧压缩量降低，弹簧预紧力降低，在大电流工作点，氢气压力较高，密封失效，在小电流工作点，氢气压力较低，仍然能够维持密封。而且在电磁力的作用下，阀芯往复运动，断裂的弹簧概率性地能够起到支撑作用，因此氢气喷射占空比偶尔能恢复正常的状态。

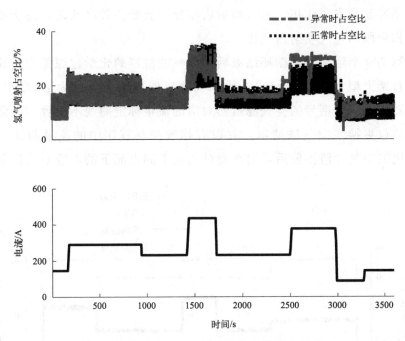

图 4-9 吹扫阀故障时和正常时的氢气喷射占空比对比

图 4-10 所示为吹扫阀故障发生后一个耐久周期与正常时的氢气喷射占空比对比,此时吹扫阀已完全故障,断裂的两段弹簧已经完全旋转结合到一起,

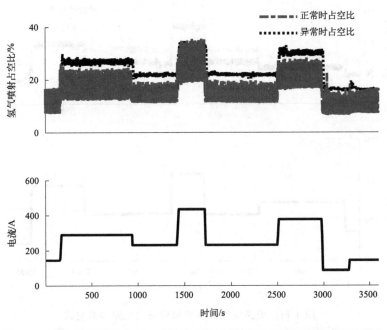

图 4-10 吹扫阀故障发生后一个耐久周期与正常时的氢气喷射占空比对比

无法概率性起到支撑作用,氢气喷射占空比一直维持较高状态,高于吹扫阀正常时吹扫阶段的氢气喷射占空比。

在第 700 个耐久测试循环结束后,空气滤清器的化学过滤能力终止,将耐久测试台架上型号为 KLQ-530A 的空气滤清器更换为型号为 KLQ-675B 的空气滤清器。这两个型号的空气滤清器对应的流量标定曲线不一致,但测试人员此次更换仅更换了空气滤清器,并没有修改控制程序中的流量曲线。图 4-11 所示为更换空气滤清器前后,耐久测试工况不同电流下的入堆空气流量、入堆

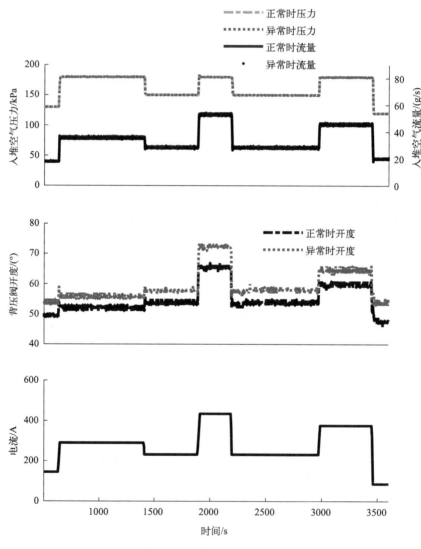

图 4-11 更换空气滤清器前后的空气路参数对比

空气压力、背压阀开度对比。由于空气子系统的入堆空气流量和入堆空气压力为闭环解耦控制,因此在数据上看到的流量和压力都是正常的,但由于流量计的流量标定曲线不一致,更换空气滤清器后实际的流量是偏大的。这一点从相同燃料电池输出电流下的节气门开度对比可以看到,更换空气滤清器后的节气门开度比更换空气滤清器前的节气门开度大,这是由于更换空气滤清器后实际的流量偏大,为了使入堆空气压力相同,更换空气滤清器后节气门开度也需要更大。

图 4-12 所示为更换空气滤清器前后的入堆水温和吹扫阀开启时间对比,为了缓解更换空气滤清器后流量偏大导致的膜干趋势,入堆水温下调了 1℃ 左右,同时小电流工作点下的吹扫阀开启时间也缩短了。

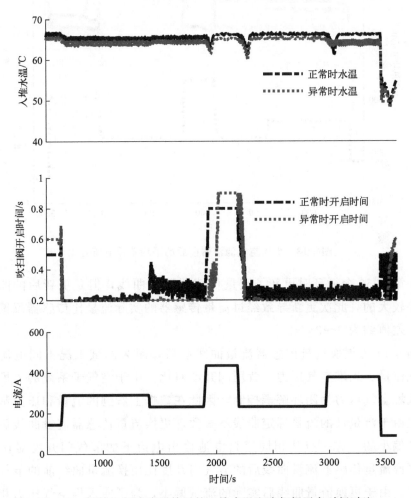

图 4-12 更换空气滤清器前后的入堆水温和吹扫阀开启时间对比

图 4-13 所示为更换空气滤清器前后的平均单片电压对比，可以看到排除可逆衰减导致的稳态平均单片电压差异，更换空气滤清器前后的平均单片电压动态响应基本一致。尤其是在瞬间加载后的瞬态电压降，更换空气滤清器前后基本一致，说明含水量闭环控制策略在此情况下能将电堆的状态维持在比较稳定的含水量状态。测试数据表明，含水量闭环控制算法能够消除较小的流量偏差对电堆含水量造成的影响。

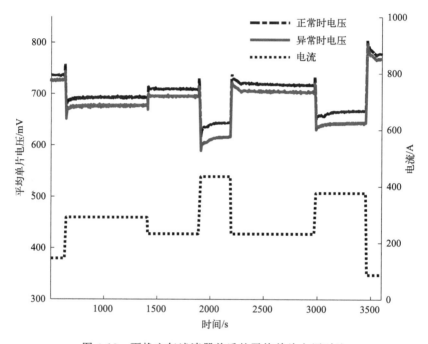

图 4-13 更换空气滤清器前后的平均单片电压对比

在第 1050 个循环时更新了流量传感器流量曲线，但是更新后的曲线仍然是偏差较大的，此次更新导致经过流量传感器的实际流量比传感器反馈的流量偏小，差值约为 2~3g/s。

图 4-14 为更换流量传感器流量曲线前后，耐久测试工况不同电流下的入堆空气流量、入堆空气压力、背压阀开度对比。由于空气子系统的入堆空气流量和入堆空气压力为闭环解耦控制，因此在数据上看到的流量和压力都是正常的，但由于流量计的流量标定曲线不一致，更换流量传感器流量曲线后实际的流量是偏小的。这一点从相同燃料电池输出电流下的节气门开度对比可以看到，更换流量传感器流量曲线后的节气门开度比更换流量曲线前的节气门开度小，这是由于更换流量曲线后实际的流量偏小，为了使入堆空气压力相同，更换流量曲线后节气门开度也需要更小。

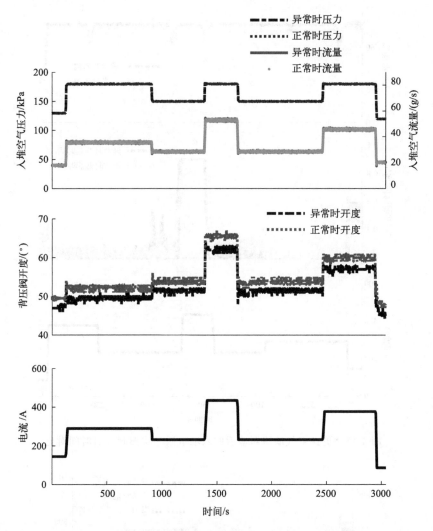

图 4-14　更换流量传感器流量曲线前后的空气子系统参数对比

图 4-15 所示为更换空气滤清器前后的入堆水温和吹扫阀开启时间对比，为了缓解更换流量传感器流量曲线后流量偏小导致的水淹趋势，入堆水温上调了 1℃左右，同时小电流工作点下的吹扫阀开启时间也增加了。

图 4-16 和图 4-17 所示为更换流量传感器流量曲线前后的平均单片电压和最低单片电压的对比，可以看到，水淹使得有效反应面积下降，局部电流密度增大，欧姆极化增加，同时水淹阻碍了反应气体向催化剂层反应位点的传递，传质极化也增大，平均单片电压整体下降。在水淹条件下，最低单片电压的下降幅度较为明显，在 232A 工况点尤其不稳定，频繁出现电压下降的趋势。

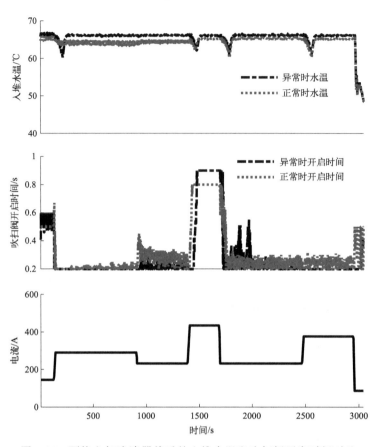

图 4-15 更换空气滤清器前后的入堆水温和吹扫阀开启时间对比

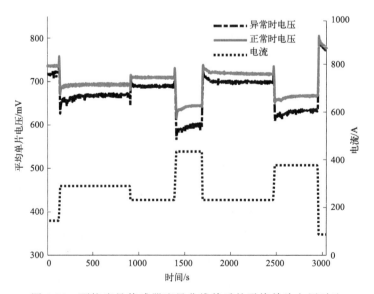

图 4-16 更换流量传感器流量曲线前后的平均单片电压对比

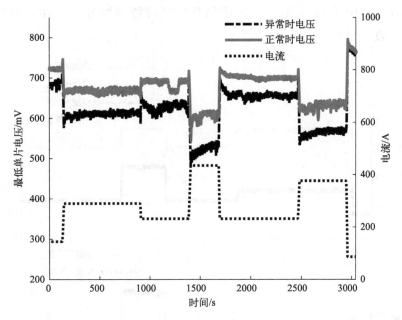

图 4-17　更换流量传感器流量曲线前后的最低单片电压对比

最低单片为 167 号，是贴近端板的单片，说明贴近端板的单片对外传热较强烈，温度低于其他单片，导致该单片的水淹现象更为显著。在更换流量传感器流量曲线之前，该单片已经出现水淹趋势，可能是贴近端板的单片更容易发生水淹，导致扩散层碳纸表面疏水层容易被水汽冲刷脱落，扩散层碳纸疏水性下降，从而导致该单片水淹的趋势更加明显。从平均单片电压和最低单片电压之间的对比可以发现，端板效应较为明显，当平均单片表现正常时，贴近端板的单片已经显现出了水淹特性，当平均单片水淹时，贴近端板的单片水淹特征更加明显。

从 $1000mA/cm^2$ 下的等电流密度衰减曲线也能看到，在水淹的条件下，在一个耐久性测试周期中，单片电压下降的幅度非常大。这说明，虽然含水量闭环控制算法能够通过调节水温和吹扫阀开启时间保证电堆能够持续稳定运行，但电堆内部的水仍然在缓慢积累，长时间的水淹会导致阳极流道局部缺氢，引发"反向电流"效应，导致阴极碳载体腐蚀，铂颗粒发生脱落聚集，有效反应面积下降，进而引发整体性能的下降[1]。

在第 1200 个循环时，将正确的流量传感器流量曲线写入控制器，从空气路参数可以看到，搭配不同空气滤清器的燃料电池发动机，在不同的燃料电池输出电流下，能够保证入堆压力和入堆流量一致，同时背压节气门开度保持一致，如图 4-18 所示。这说明虽然空气滤清器型号不一样，但是流量能够保持一致。

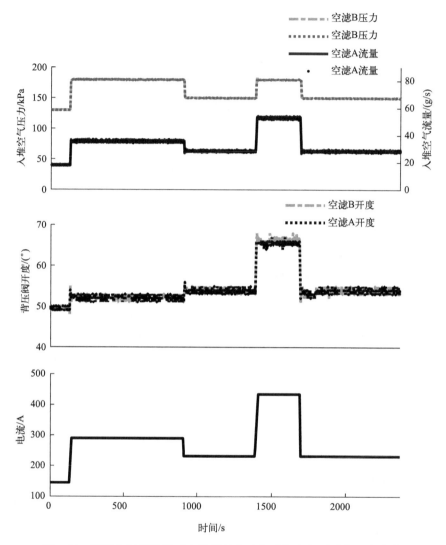

图 4-18　不同空气滤清器对应的燃料电池发动机空气子系统运行参数

图 4-19 所示为第 652 个耐久测试循环和第 1652 个耐久测试循环的入堆水温和吹扫阀开启时间对比，可以看到第 1652 个耐久测试循环的入堆水温比第 652 个耐久测试循环高 1℃ 左右，同时第 1652 个耐久测试循环的吹扫阀开启时间在每个燃料电池输出电流工作点都高于第 652 个耐久测试循环。这说明含水量闭环控制算法认为第 1652 个循环的电堆运行在偏湿的状态，因此需要提高入堆水温和增加吹扫阀开启时间来缓解电堆内部水淹的状态。

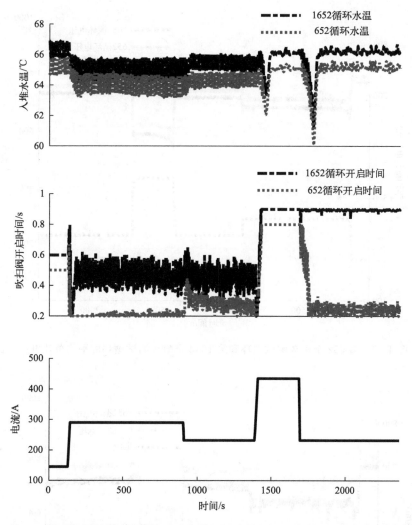

图 4-19　第 652 个耐久测试循环和第 1652 个耐久测试循环的入堆水温和吹扫阀开启时间对比

从图 4-20 所示的第 652 个耐久测试循环和第 1652 个耐久测试循环平均单片电压的对比看不出电堆运行状态之间的差异，只能看到各燃料电池输出电流工作点均有电压衰减。但从图 4-21 所示的第 652 个耐久测试循环和第 1652 个耐久测试循环最低单片电压的对比可以看出，第 1652 个耐久测试循环处于较严重的水淹状态，尤其在 290A 及以上的燃料电池输出电流工作点，反复出现电压陡降。在 290A 及以上的燃料电池输出电流工作点，最低单片为 167 号，为靠近端板的单片，该单片在 290A 及以上的燃料电池输出电流工作点水淹较为严重。

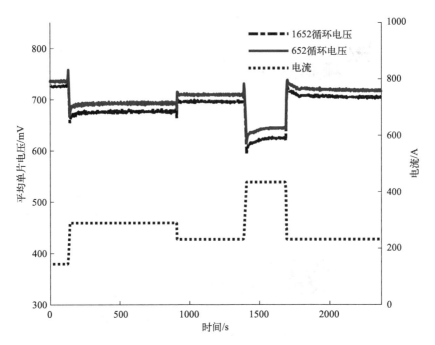

图 4-20　第 652 个耐久测试循环和第 1652 个耐久测试循环的平均单片电压对比

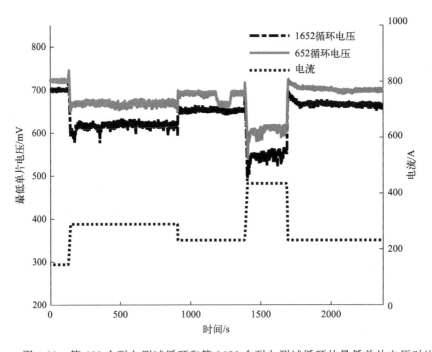

图 4-21　第 652 个耐久测试循环和第 1652 个耐久测试循环的最低单片电压对比

图 4-22 和图 4-23 分别为耐久测试循环工况中 1300mA/cm² 和 1500mA/cm² 下的等电流衰减曲线,与 1000mA/cm² 下的等电流衰减曲线趋势一致,与几次试验过程的操作时间吻合。1000mA/cm²、1300mA/cm²、1500mA/cm² 三个电流密度下的平均单片电压衰减率分别为 3.5%、1.87%、1.19%。以额定电流密度下的平均单片电压衰减率为核算依据,若额定电流密度下平均单片电压衰减 10%,对应的电堆工作时间为 16807h。

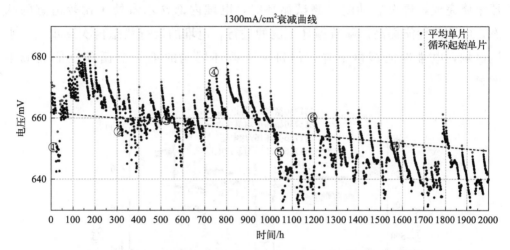

图 4-22 耐久测试循环工况中 1300mA/cm² 下的等电流衰减曲线

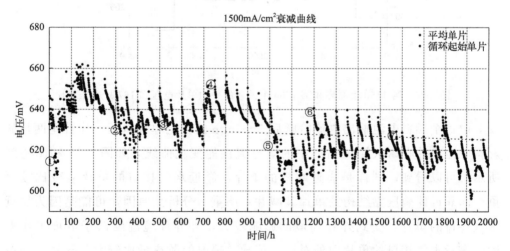

图 4-23 耐久测试循环工况中 1500mA/cm² 下的等电流衰减曲线

值得一提的是,在第 1786 个循环之前,实验室板式换热器故障导致耐久性测试中止了两天,中途穿插进行了一些板式换热器的调试,燃料电池发动机间隔运行,总时长 2h。在这两天之后,性能有很大的改善。取两个耐久测试周期的第一个循环平均单片电压和 167 片电压对比,即第 1750 个循环和第 1786 个循环,如图 4-24 所示。可以看到,在板式换热器故障维修调试的两天之后,燃料电池电堆的平均单片电压和最低单片电压在不同对外输出电流工作点下均有提高,说明电堆在第 1750 个循环还是工作在较湿的状态,在板式换热器故障维修期间,电堆间隔运行,温度较高,电堆缓慢失水。等到板式换热器维修完成,再次启动耐久测试循环时,电堆内部含水量处于比较适宜的状态,电堆的性能提高。随着循环工况的进行,电堆的运行状态再次逐步进入水淹区域,电堆性能缓慢下降,但每一个循环周期的第一个循环性能衰减不明显。

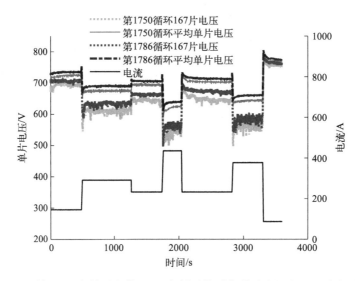

图 4-24 第 1750 个循环和第 1786 个循环的平均单片电压和 167 片电压对比

取每个燃料电池输出电流阶跃后 3~5min 的稳定单片电压,作首尾两片的燃料电池单片在耐久测试循环中的等电流性能变化曲线,如图 4-25 和图 4-26 所示。可以看到,同样是靠近端板的单片,靠近水气接口的单片衰减比较严重,而靠近碟簧压缩结构的单片衰减并不严重。分析其原因,可能是因为靠近水气接口的单片,受到外界环境的影响较大,外界环境温度低于电堆工作温度,靠近水气接口的单片向外对流、传导、辐射的散热量比较大,导致发动机靠近水气接口的单片冷却液温度偏低,更容易发生水淹。而靠近碟簧压缩结构的单片,在电堆模块的封装内部,与外界环境隔绝,对外散热量较小,不容易受到外界环境温度的影响,因此该单片的冷却液温度比较正常,不容易发生水淹。测试结果表明，目前的端板结构设计，容易造成电堆靠近水气接口的单片工作温度低，容易发生水淹，而且水淹会随着燃料电池发动机的运行越来越严重。

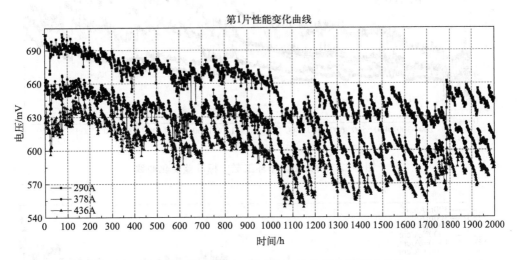

图 4-25　耐久测试循环工况中第 1 片的等电流衰减曲线

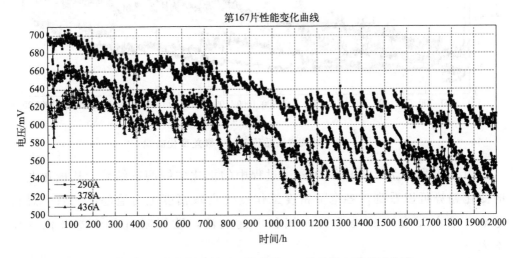

图 4-26　耐久测试循环工况中第 167 片的等电流衰减曲线

从图 4-27 和图 4-28 的耐久测试循环工况中标准差和极差变化曲线可以看到，由于电堆的工作状态越来越倾向于水淹，在低电流密度下，原本气体流速较低就容易发生水淹，因此在不同电流密度的对比中，低电流密度（300mA/cm^2）最容易发生水淹，标准差和极差随着耐久测试的进行越来越大。

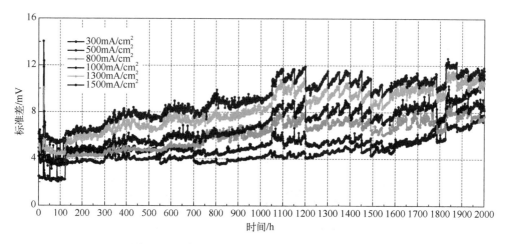

图 4-27 耐久测试循环工况中标准差变化曲线

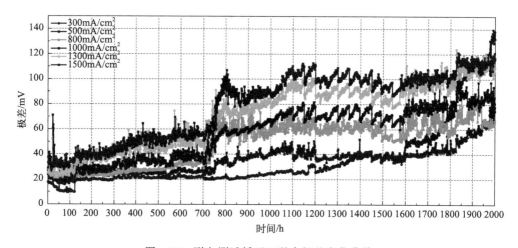

图 4-28 耐久测试循环工况中极差变化曲线

图 4-29 所示为 2000h 耐久测试过程中的极化曲线测试结果,从极化曲线的变化趋势可以看到,各电流密度工作点的衰减幅度绝对值基本一致。燃料电池电堆主要衰减的是活性面积和串漏电流,欧姆阻抗和浓差极化变化不大。

图 4-30 展示了极化曲线测试过程中的额定电流密度下的平均单片电压变化曲线,在 2000h 内的衰减率为 0.92%。

图 4-31 所示为耐久测试过程中从阳极到阴极的串漏量变化曲线,每次进行极化曲线测试后,都使用 50kPa (g) 的氮气充入燃料电池电堆阳极,燃料电池阴极与大气连通,在阴极侧搜集从阳极串漏到阴极的氮气流量,并记录

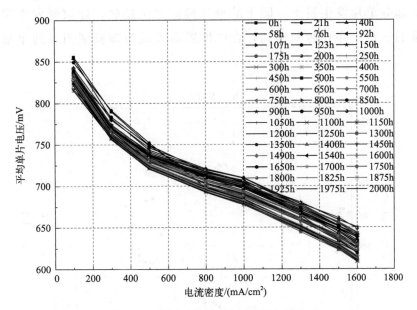

图 4-29 耐久测试极化曲线变化趋势

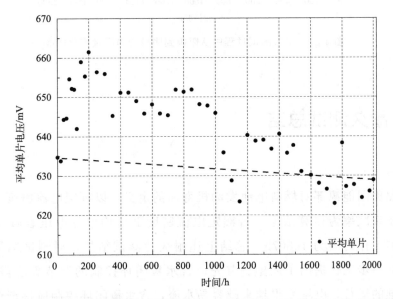

图 4-30 极化曲线测试过程中的额定电流密度下的平均单片电压变化曲线

当时的入堆冷却液温度。可以看到随着电堆的运行,从阳极到阴极的串漏量呈现指数级上升趋势。从 700h 开始串漏量就开始逐渐增大,可能是更换空气滤清器后没有更改流量传感器流量曲线,导致空气流量偏大,虽然含水量控制算法已经调整了水温和吹扫阀开启时间以缓解膜干的趋势,但是仍然无法避免部分单片发生膜干。膜干的单片局部发生过热，导致膜发生穿孔，随着电堆的运行，穿孔越来越大，在电堆层面表现为阳极到阴极的串漏量呈指数级增长。

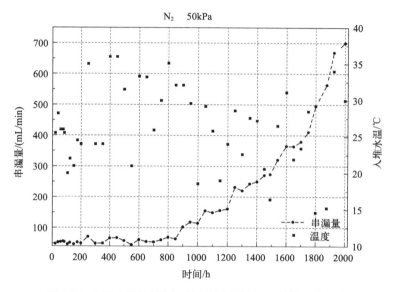

图 4-31　耐久测试过程中从阳极到阴极的串漏量变化曲线

4.4　耐久测试总结

按照美国能源部对燃料电池发动机寿命的定义，以额定电流密度下的平均单片电压衰减率为核算依据，若额定电流密度下平均单片电压衰减 10%，对应的电堆工作时间为 16807h。总结上述耐久性测试结果，对测试结果进行分析，对下一步工作提出了展望。首先，含水量闭环控制的调节算法需要改善，随着电堆的运行，电堆变得越来越容易水淹，含水量闭环控制应逐渐倾向于缓解水淹。含水量闭环控制的调节区间应随着电堆的运行逐渐倾向于提高入堆冷却液温度和增加吹扫阀开启时间。其次，含水量闭环控制的可调节范围需要增大，在部分工况下由于空气流量过大或过小，含水量闭环控制算法已经开始按照抑制膜干或水淹的趋势调节入堆冷却液温度和吹扫阀开启时间，但含水量闭环控制算法对入堆冷却液温度和吹扫阀开启时间的可调节范围太小，导致仍然有部分单片发生水淹或膜干。最重要的是，电堆位于水气接口侧端板附近的单片衰减严重，已经严重影响了电堆的整体寿命，成为非常明显的短板，后续应该改善端板及端板附近单片的设计，避免出现明显的端板效应。

参考文献

[1] Li B，Higgins C D，Xiao Q，et al. The durability of carbon supported Pt nanowire as novel cathode catalyst for a 1.5ce；hsp sp＝"0.25"/kW PEMFC stack［J］. Applied Catalysis B：Envi- ronmental，2015，162133-140.

第 5 章

燃料电池客车动力系统匹配与集成

动力系统是燃料电池汽车的核心，是决定整车性能的关键，也是其不同于传统内燃机汽车和其他类型电动汽车的标志，因此，对燃料电池汽车动力系统进行研究具有非常重要的意义。随着计算机技术的发展，建模仿真技术已经成为汽车动力系统研发过程中的一个重要手段。本章主要依据动力系统构型和匹配技术，建立了燃料电池城市客车的混合动力系统的动态模型，考察了燃料电池系统稳态 U-I 特性及动态响应特性，DC/DC 效率特性及动态响应特性，动力电池模型以及电机的稳态转矩和稳态效率特性，为燃料电池客车动力系统的仿真试验提供依据。

5.1 燃料电池客车动力系统构型

受限于当前燃料电池的技术发展水平，如果以燃料电池为单一或主要的动力源，则存在启动响应慢、功率跟随会导致燃料电池加速衰减等现象，无法满足车辆启动、刹车、加速、停车等频繁变化工况下的耐久性、可靠性要求。所以目前国内的燃料电池客车一般采用燃料电池-动力电池电电混合的动力系统来驱动，这样可以弥补燃料电池功率的不足，提高燃料电池动力系统响应速度，提高电动汽车的瞬时性能，降低电机负载对燃料电池的冲击，延长燃料电池的使用寿命。电电混合动力系统即引入动力电池通过电力电子装置与燃料电池并网，用来提供峰值功率，以补充车辆在加速或爬坡时燃料电池输出功率能力的不足；在汽车怠速、低速或减速的工况下，燃料电池的功率大于整车所需功率时，动力电池存储燃料电池富余的能量，这样燃料电池可以在高效点保持恒定的输出，提高燃料电池寿命；在回馈制动时还可以回收整车制动能量[1]。

图 5-1 为 FCEB 电电混合动力系统构型图。从电路的角度，因为燃料电池电压平台较低，需要通过直流-直流变换器（DC/DC）提高电压，然后和动力电池并联接入集成控制器为电机供电，燃料电池既可以与动力电池同时供电，也可以为动力电池充电，制动能量回收时直接给动力电池充电。从控制的角度，整车加速或爬坡时，油门踏板发出信号，由整车控制器判断燃料电池状态，根据燃料电池状态调整 DC/DC 输入或输出电流来控制电机转速，DC/DC 输入或输出电流的变化则对应着燃料电池输出功率的变化；减速或制动时，整车控制器识别整车状态后，通过集成控制器控制电机输入电流为零，燃料电池或电机给动力电池充电[2]。

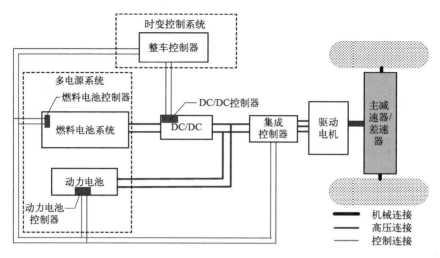

图 5-1 FCEB 电电混合动力系统构型图

5.2 燃料电池客车动力系统匹配技术

基于中国典型城市公交工况,对燃料电池客车运行工况进行分析。主要根据整车动力性指标进行整车动力系统功率匹配,进行最高车速和最大爬坡时的功率需求计算,确定驱动电机的额定功率。根据动力源的总功率和加速性能要求确定驱动电机的峰值功率,根据最大爬坡度确定驱动电机的峰值转矩,根据燃料电池客车常用工况和电机系统制造条件确定电机的额定转速、电机高效区的匹配。

燃料电池系统提供整车所需的平均功率,整车峰值功率由动力电池系统和燃料电池系统共同提供。以动力电池容量衰减到初始值的 70% 时仍能保证 30km(匀速 40km/h)的续驶里程为目标,参考中国城市公交典型工况下纯电动行驶的百公里电耗值,在现有成熟纯电动电压平台的基础上,匹配出动力电池所需电量,匹配技术路线如图 5-2 所示。

基于整车动力性需求(见表 5-1)和整车参数输入(见表 5-2),进行整车动力系统匹配,计算满足动力性要求的电机参数,最终匹配额定功率 100kW/峰值功率 200kW 的电机(见表 5-3)。

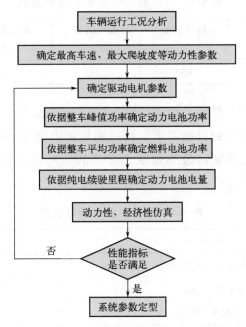

图 5-2 燃料电池客车动力系统匹配技术路线

表 5-1 12m 燃料电池客车动力性需求

项目	目标值
0～50km/h 加速时间/s	20
最高车速/(km/h)	80
10km/h 最大爬坡度/%	15
20km/h 持续爬坡度/%	6

表 5-2 12m 燃料电池客车整车参数输入

项目	参数
满载质量/kg	18000
整备质量/kg	12600
轮胎型号	275/70R22.5
迎风面积/m²	8.0
风阻系数	0.65

表 5-3 满足动力性要求的电机参数

项目	持续功率/kW	持续转矩/N·m	最大转矩/N·m	最大功率/kW	最高转速/(r/min)
参数	72	980	2242	146	2810

根据选定的电机,对动力性数据进行验证(见表 5-4),从计算结果可以看出,车辆动力性可以达到目标要求。通过满足动力性要求的电机参数匹配燃料电池系统和动力电池系统,最终选取 30kW 的燃料电池系统和 64.5kW·h 的动力电池系统(见表 5-5)。

表 5-4 车辆动力性验证结果

项目	校核值
0~50km/h 加速时间/s	18
最高车速/(km/h)	>80
10km/h 最大爬坡度/%	15
20km/h 持续爬坡度/%	7

表 5-5 电源系统放电功率

能源系统	最大持续放电功率(25~45℃,SOC>30%)/kW	峰值放电功率(EOL)(25℃,SOC>30%,30s)/kW
动力电池	64.5	129
燃料电池	30	30
电源系统(动力电池+燃料电池)	94.5	159

5.3 燃料电池城市客车动力系统建模

5.3.1 燃料电池动态模型

电池由开路状态变为工作状态时,电池电压的变化即为极化。在一定工作条件下，燃料电池单片端电压随着电流密度变化的关系曲线称为极化曲线。燃料电池极化包括反应极化、欧姆极化和浓差极化等三部分。在小电流密度时，反应极化为主导因素，随着电流密度的增加，反应极化增大；在 Tafel 线性区域，反应极化的斜率降低，主要由膜电阻、接触电阻等形成的欧姆极化起作用，这时的极化曲线斜率即所谓的 Tafel 斜率；当电流密度进一步增加时，极化曲线斜率大大增加，出现浓差极化。极化越小意味着电池的能量损失越小。由于电池的单片电压小于 1V，在实际应用中将多片电池串联组成燃料电池电堆。电堆和相应的供氢、供氧等辅助系统组成整个燃料电池系统[3-5]。

一个典型的燃料电池系统可分为五个子系统：燃料电池电堆、氢气供应系统、空气供应系统、去离子水管理系统和热管理系统。本书从整车优化控制的角度建模，并不深入考虑系统内部特性，只关心其 U-I 特性、附件功率特性和氢气消耗特性。电堆电压与电流之间的动态关系用动态时间常数来衡量。

（1）燃料电池系统 U-I 特性

燃料电池 U-I 特性受温度、湿度影响很大。车用燃料电池系统工作条件复杂，建模时采用简化处理方法，在大气压 100kPa，环境温度 28℃，环境湿度 85% 的条件下测量系统 U-I 特性曲线。根据 S. Srinivasan 的研究工作，燃料电池电堆的输出电压 U_{fc} 与输出电流 I_{fc} 的关系可表示为：

$$U_{fc} = \boldsymbol{h}^T \boldsymbol{\theta} \tag{5-1}$$

式中，$\boldsymbol{h}$ 为电堆电流向量，$\boldsymbol{\theta}$ 为曲线待定向量。两者的定义如下：

$$\begin{cases} \boldsymbol{h} = (1 \quad -I_{fc} \quad -\ln(I_{fc}+1))^T \\ \boldsymbol{\theta} = (U_0 \quad R_{fc} \quad b)^T \end{cases} \tag{5-2}$$

式中，U_0 为燃料电池开路电压；R_{fc} 为等效欧姆电阻；b 为 Tafel 斜率。为防止电堆电流为零时电压计算值为无穷大，此处对向量 $\boldsymbol{h}$ 的定义在对数项内增加了 1。参数 U_0、R_{fc} 和 b 为待定参数，求解方法如下：

记：

$$\boldsymbol{U} = \boldsymbol{H}\boldsymbol{\theta} \tag{5-3}$$

式中，$\boldsymbol{U}$ 为电堆电压向量；$\boldsymbol{H}$ 为电堆电流矩阵。取值如下：

$$\begin{cases} \boldsymbol{H} = \begin{bmatrix} 1 & -I_{fc,1} & -\ln(I_{fc,1}+1) \\ 1 & -I_{fc,2} & -\ln(I_{fc,2}+1) \\ \cdots & \cdots & \cdots \\ 1 & -I_{fc,N} & -\ln(I_{fc,N}+1) \end{bmatrix} \\ \boldsymbol{U} = (U_{fc,1} \quad U_{fc,2} \quad \cdots \quad U_{fc,N})^T \end{cases} \tag{5-4}$$

式中，$I_{fc,i}$、$U_{fc,i}$ 为实验中第 i 个采样点数据的电堆电流、电压值，$i=1\sim N$。式（5-3）中待定向量 $\boldsymbol{\theta}$ 的最小二乘解为：

$$\hat{\boldsymbol{\theta}}=(\boldsymbol{H}^{\mathrm{T}}\boldsymbol{H})^{-1}\boldsymbol{H}^{\mathrm{T}}\boldsymbol{U} \tag{5-5}$$

所研究的 80kW 燃料电池系统的计算结果为：$U_0=514.34\mathrm{V}$，$R_{fc}=0.282\Omega$，$b=12.97\mathrm{V}$。实验数据及拟合曲线如图 5-3 所示。

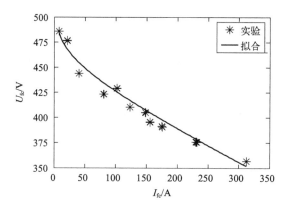

图 5-3 燃料电池系统稳态 $U\text{-}I$ 特性曲线

实际工况下，气体管路、气液扩散以及内部电化学反应等均会影响系统动态特性，引入动态时间常数 τ_{fc}，则：

$$U_{fc}=\frac{\boldsymbol{h}^{\mathrm{T}}\boldsymbol{\theta}}{\tau_{fc}s+1} \tag{5-6}$$

式中，s 为拉普拉斯函数的复频率。取不同的时间常数 τ_{fc}，计算对应动态过程中电堆电压理论值与实际值的最大相对误差的绝对值 ε_τ。图 5-4 给出了 $\varepsilon_\tau\text{-}\tau_{fc}$ 的关系。当 $\tau_{fc}=1.5\mathrm{s}$ 时最大相对误差的绝对值最小，故取 $\tau_{fc}=1.5\mathrm{s}$。

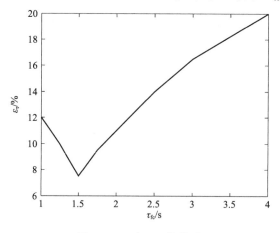

图 5-4 ε_τ 与 τ_{fc} 的关系

图 5-5 给出了动态加载过程中，该电堆电压模型计算值与实际测量值的对比情况，两者相对误差在 8% 以内。

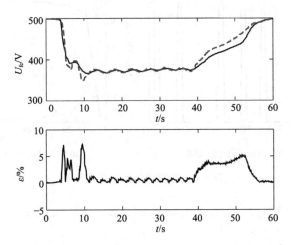

图 5-5 加载过程中的模拟结果（虚线）与实验结果（实线）对比

（2）氢气消耗模型及燃料电池附件功率

为防止流道水淹，燃料电池电堆工作时需要间歇排氢，以带走流道中的残留水分，保证电堆持续发电。图 5-6（a）给出了电堆怠速运转时系统间歇排氢的一个实例。间歇排氢造成燃料电池系统的脉动氢气消耗[6]。记 C_{fc} 为电堆总氢气瞬时消耗（g/h），它由两部分组成：稳态氢气消耗和脉动氢气消耗。记 b_{e1} 为稳态氢气消耗率 [g/(kW·h)]，b_{e2} 为平均脉动氢气消耗率 [g/(kW·h)]，P_{fc} 为燃料电池电堆总功率，则：

$$C_{fc}=(b_{e1}+b_{e2})P_{fc} \tag{5-7}$$

图 5-6（b）给出了稳态和平均脉动氢气消耗率与电堆功率的关系。稳态氢气消耗率随电堆功率递增，平均脉动氢气消耗率随电堆功率递减[7]。

燃料电池系统的最终输出功率（即电堆净输出功率）P_{fce} 为电堆功率 P_{fc} 与附件消耗功率 $P_{fc,aux}$ 之差：

$$P_{fce}=P_{fc}-P_{fc,aux} \tag{5-8}$$

而

$$P_{fc}=U_{fc}I_{fc} \tag{5-9}$$

附件消耗功率 $P_{fc,aux}$ 主要指鼓风机消耗的功率，随电堆功率递增，图 5-7 为台架试验中测得的曲线。

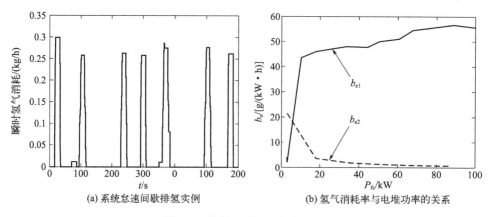

(a) 系统怠速间歇排氢实例 (b) 氢气消耗率与电堆功率的关系

图 5-6　燃料电池电堆氢气消耗

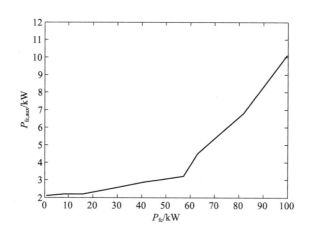

图 5-7　燃料电池电堆附件功率和电堆功率的关系

（3）面向能量管理的燃料电池简化动态模型

前建立的燃料电池动态模型输入量为电堆电流 I_{fc}，输出量为电堆电压 U_{fc}、燃料电池净功率 P_{fce} 和氢气瞬时消耗 C_{fc}。实际模型中采用后向建模法，输入为燃料电池净功率 P_{fce}，输出为电堆电流 I_{fc}、电堆电压 U_{fc} 和氢气瞬时消耗 C_{fc}[8]。

已知燃料电池净功率 P_{fce}，根据式（5-8）和图 5-7 可求得燃料电池电堆功率 P_{fc}，进而可以按式（5-7）和图 5-6（b）计算氢气瞬时消耗 C_{fc}。电堆电压 U_{fc} 和电流 I_{fc} 应满足式（5-6）和式（5-9）组成的二元非线性方程，但该方程组无解析解，只能用下述方法近似求解[9]。引入修正系数 ζ，电堆近似电流 $\tilde{I}_{fc}$ 和近似电压 $\tilde{U}_{fc}$ 为：

$$\begin{cases} \tilde{I}_{fc} = \dfrac{P_{fc}}{U_0}\varsigma \\ \tilde{U}_{fc} = \dfrac{U_0 - R_{fc}\tilde{I}_{fc} - b\ln(\tilde{I}_{fc}+1)}{\tau_{fc}s+1} \end{cases} \quad (5\text{-}10)$$

将近似电压 $\tilde{U}_{fc}$ 计算式写成时间域函数：

$$\tilde{U}_{fc}(t) = \dfrac{U_0}{\tau_{fc}}\int_0^t e^{-(t-\tau)/\tau_{fc}}\left\{1 - \dfrac{P_{fc}(t)R_{fc}}{U_0^2}\varsigma - \dfrac{b}{U_0}\ln\left[\dfrac{P_{fc}(t)}{E_0}\varsigma + 1\right]\right\} \quad (5\text{-}11)$$

电堆的近似功率为：

$$\tilde{P}_{fc} = \tilde{U}_{fc}\tilde{I}_{fc} \quad (5\text{-}12)$$

则电堆功率的相对误差为

$$\begin{aligned}\xi &= \dfrac{\tilde{P}_{fc}}{P_{fc}} - 1 \\ &= \dfrac{\varsigma}{\tau_{fc}}\int_0^t e^{-(t-\tau)/\tau_{fc}}\left[1 - \dfrac{P_{fc}(t)R_{fc}}{U_0^2}\varsigma - \dfrac{b}{U_0}\ln\left(\dfrac{P_{fc}(t)}{U_0}\varsigma + 1\right)\right]d\tau - 1 \\ &\leqslant \varsigma\left[1 - \dfrac{P_{fc}(t_\xi)R_{fc}}{U_0^2}\varsigma - \dfrac{b}{U_0}\ln\left(\dfrac{P_{fc}(t_\xi)}{U_0}\varsigma + 1\right)\right] - 1\end{aligned} \quad (5\text{-}13)$$

记

$$K = \dfrac{P_{fc}(t_\xi)R_{fc}}{U_0^2} \quad (5\text{-}14)$$

则电堆功率的相对误差可进一步简化为

$$\begin{cases}\xi \leqslant \xi_{\max} \\ \xi_{\max} = \varsigma\left[1 - \varsigma K - \dfrac{b}{U_0}\ln\left(\varsigma\dfrac{KU_0}{R_{fc}} + 1\right)\right] - 1\end{cases} \quad (5\text{-}15)$$

这里所研究的燃料电池系统在实际车辆中电堆输出功率 P_{fc} 的范围为 kW。电堆 U-I 曲线参数 $U_0=514.34\text{V}$，$R_{fc}=0.282\Omega$[10]。根据式（5-14），$K\in[7.1\times10^{-3}, 9.27\times10^{-2}]$。图 5-8 给出了 K 在此范围内变化时的 $\xi_{\max}$-ζ 曲线。当 $\zeta=1.2$ 时，$\xi_{\max}$ 绝对值最小，意味着此时电堆功率的相对误差最小。因此，在本书建立的模型中取 $\zeta=1.2$。

5.3.2 DC/DC 模型

根据输入电压和输出电压的关系 DC/DC 可分为单向升压型、单向降压型和双向升降型，控制方式有电压控制和电流控制[11]。图 5-9（a）为本书所研究混合动力系统中 DC/DC 效率 η_{dc} 与输出功率 P_{dc} 的关系。图中实验数据与拟

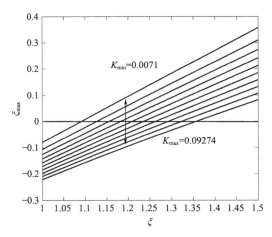

图 5-8 电堆近似计算最大相对误差 ξ_{max} 与修正系数 ζ 的关系

合曲线的相对误差约为 0.5%，属于正常误差允许范围。图 5-9（b）给出了 DC/DC 电流控制模式下的动态响应过程，延迟时间常数 $\tau_{dc0}=0.1s$。

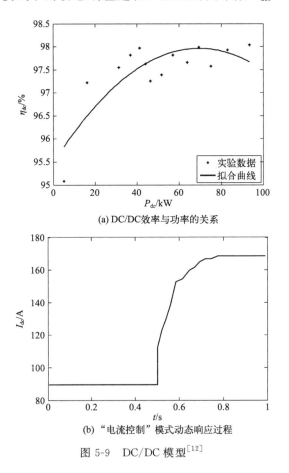

(a) DC/DC 效率与功率的关系

(b) "电流控制" 模式动态响应过程

图 5-9 DC/DC 模型[12]

所研究混合动力系统的 DC/DC 采用电流控制方式，记 I_{dc}^* 为 VCU（整车控制器）发出的 DC/DC 目标电流，则 DC/DC 实际输出电流 I_{dc} 与实际输出功率 P_{dc} 为：

$$\begin{cases} I_{dc} = \dfrac{I_{dc}^*}{\tau_{dc0} s + 1} \\ P_{dc} = P_{fce} \eta_{dc} \end{cases} \quad (5\text{-}16)$$

5.3.3 动力电池模型

常见的动力电池等效电路模型有 Rint、PNGV、GNL 等。Rint 模型考虑了充放电内阻和开路电压特性，PNGV 和 GNL 考虑了电池的动态充放电特性。Rint 模型结构简单，适用于整车能量管理算法[13]。根据 Rint 模型，动力电池工作电流 I_{bat} 与功率 P_{bat} 的关系为：

$$I_{bat} = 0.5(U_{ocv} - \sqrt{U_{ocv}^2 - 4 P_{bat} R_{bat}})/R_{bat} \quad (5\text{-}17)$$

式中，U_{ocv} 为开路电压；R_{bat} 为电池内阻（即充电内阻 R_{chg} 或放电内阻 R_{dis}）。两者与动力电池 SOC 的关系如图 5-10（a）所示。总线电压 U_{bus} 的算式为：

$$U_{bus} = U_{ocv} - R_{bat} I_{bat} \quad (5\text{-}18)$$

记 Q 为动力电池容量，SOC_{ini} 为动力电池 SOC 初始值，η_{soc} 为库仑效率，则动力电池 SOC 为：

$$SOC = SOC_{ini} - \int_0^t (\eta_{soc} I_{bat}/Q) dt \quad (5\text{-}19)$$

动力电池效率 η_{bat} 分为充电效率 η_{chg} 和放电效率 η_{dis}：

$$\begin{cases} \eta_{dis} = \dfrac{U_{ocv} - I_{bat} R_{dis}}{U_{ocv}} = \dfrac{1}{2}\left(1 + \sqrt{1 - \dfrac{4 R_{dis} P_{bat}}{U_{ocv}^2}}\right), P_{bat} \geqslant 0 \text{ 时} \\ \eta_{chg} = \dfrac{U_{ocv}}{U_{ocv} - I_{bat} R_{chg}} = 2 / \left(1 + \sqrt{1 - \dfrac{4 R_{chg} P_{bat}}{U_{ocv}^2}}\right), P_{bat} < 0 \text{ 时} \end{cases} \quad (5\text{-}20)$$

由于开路电压和内阻均为动力电池 SOC 的函数，故电池效率 η_{bat} 为电池功率和 SOC 的函数，三者关系见图 5-10（b）。考虑到总线电压的限制范围，动力电池功率的最大值和最小值为：

$$\begin{cases} P_{bat,min} = -U_{bus,max}(U_{bus,max} - U_{ocv})/R_{chg} \\ P_{bat,max} = U_{bus,min}(U_{ocv} - U_{bus,min})/R_{dis} \end{cases} \quad (5\text{-}21)$$

式中，$U_{bus,min}$ 为最低总线电压；$U_{bus,max}$ 为最大总线电压；$P_{bat,min}$ 为最小输出功率（即充电功率）；$P_{bat,max}$ 为最大输出功率。

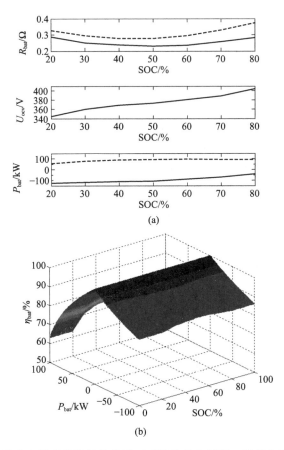

图 5-10 动力电池各参数间的关系（虚线为放电情况，实线为充电情况）

5.3.4 电机模型

所研究的动力系统中电机总成包括直流-交流逆变器（direct current to alternative current inverter，DC/AC）、三相异步感应电机及 MCU[14]。电机效率定义为输出机械功率与输入逆变器的直流功率之比[15]，如图 5-11 所示。

图 5-11（a）为电机效率（η_m）3D 图，最高效率为 89.5%，除了低速点和低转矩点之外，大部分区域电机效率高于 80%。图 5-11（b）给出了城市工况中对电机平均效率影响最大的工作点的分布情况。在图中虚线所围的范围内，总线电压对电机效率影响很小。在城市工况中，对电机平均效率影响最大的工作点主要分布在虚线框内，电机平均效率约为 85%。

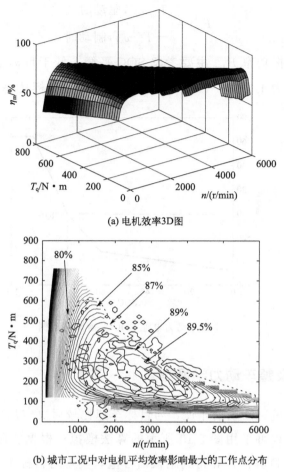

图 5-11 电机效率特性图

n—电机转速；T_q—电机转矩；η_m—电机效率

5.3.5 整车控制算法模型

仿真模型整车控制算法包括电机模式切换、司机命令解释和能量管理算法三个部分[16]。能量管理算法采用稳态分配＋动态补偿的结构，它根据电机目标功率 P_m^*、电机效率 η_m、整车辅助功率 P_{aux}、系统总线电压 U_{bus}、动力电池目标电流 I_{bat}^* 和 DC/DC 动态补偿常数 τ_{dc} 计算出 DC/DC 目标电流 I_{dc}^*：

$$I_{dc}^* = (\tau_{dc}s+1)\frac{\max\left(\dfrac{P_m^*}{\eta_m}+P_{aux}-P_{bat}^*,0\right)}{U_{bus}} \tag{5-22}$$

式中，电机目标功率 P_m^* 根据电机目标转矩和电机转速 ω_m 计算：

$$P_m^* = \begin{cases} T_{qd}^* \omega_m, & \text{驱动时} \\ -T_{qb}^* \omega_m, & \text{制动时} \end{cases} \quad (5-23)$$

动力电池目标功率 P_{bat}^* 主要考虑 SOC 平衡，低于目标平衡点时为负，高于目标平衡点时为正。图 5-12 给出了一个动力电池目标功率 P_{bat}^* 的计算实例。

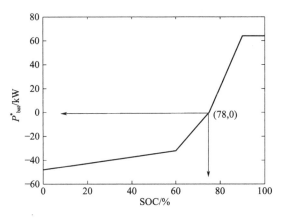

图 5-12 动力电池 SOC 平衡策略示例

5.3.6 司机及整车动力学模型

行车时，司机判断当前车速，与目标车速比较后决定加速踏板或制动踏板的开度，这一过程可采用图 5-13 所示的算法模拟。根据实际车速与目标车速的差值，通过 PID 算法计算得到踏板信号值，实现对目标车速的跟踪[17]。

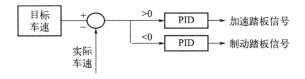

图 5-13 司机模型示意图

根据汽车原理，如果不考虑爬坡阻力，有：

$$mgfu + 0.5C_D A\rho u^3 + \delta m u \frac{du}{dt} = P_m \eta_T \quad (5-24)$$

式中，η_T 为电机效率。

此式离散化后，得：

$$u_{k+1} = (P_{m,k}\eta_T - mgfu_k - 0.5C_D A\rho u_k^3)\Delta t/(\delta m u_k) + u_k \quad (5-25)$$

式中，m 为整车质量；g 为重力加速度；f 为滚动阻力系数；u 为车速；

C_D 为风阻系数；A 为迎风面积；ρ 为空气密度；δ 为旋转质量换算系数；$P_{m,k}$ 为电机实际输出功率。

5.4 总结与展望

为了进行燃料电池城市客车动力系统的研究，本章首先对燃料电池城市客车动力系统的构型及匹配技术进行了阐述，在此基础上建立了动力系统的动态模型，主要包括：燃料电池动态模型、DC/DC 模型、动力电池模型、电机模型、整车控制算法模型以及司机及整车动力学模型。所建模型可以对燃料电池城市客车的运行状态进行分析研究，结合了模型特点，较为全面地描述了车载燃料电池动力系统，该模型可以描述系统参数、工作环境等因素的变化对燃料电池汽车动力系统性能的影响。

参考文献

[1] Delprat S, Guerra T, Rimaux J. Control strategies for hybrid vehicles: synthesis & evaluation [C]. Proceeding of Vehicle Technology Conference, 2003, 5 (58): 3246-3250.

[2] Cao G, He B, Xu L, et al. Systematic Fuel Reduction Strategies of Series Hybrid Transit Bus [C]. 16th IEEE International Conference on Control Applications Part of IEEE Multi-conference on Systems and Control, Singapore, 1-3 October, 2007: 1376-1381.

[3] Kleimaier A, Schröder D. An approach for the online optimized control of a hybrid powertrain [J]. Proceedings of the 7th International Workshop on Advanced Motion Control, 2002: 215-220.

[4] 欧阳明高，李建秋，杨福源. 汽车新型动力系统：构型、建模与控制 [M]. 北京：清华大学出版社，2008.

[5] 徐梁飞，卢兰光，李建秋. 燃料电池混合动力系统建模及能量管理算法仿真 [J]. 机械工程学报，2009 (1)：141-147.

[6] Pérez L, Pilotta E. Optimal power split in a hybrid electric vehicle using direct transcription of an optimal control problem [J]. Mathematics and Computers in Simulation, 2009, V79 (6): 1959-1970.

[7] Laura V Pérez, Elvio A Pilotta. Optimal power split in a hybrid electric vehicle using direct transcription of an optimal control problem [J]. Mathematics and Computers in Simulation, 2006, V73 (1): 244-254.

[8] Theo H, Maarten S, Roell V, et al. Rule-based energy management strategies for hybrid ve-

hicles [J]. International Journal of Electric and Hybrid Vehicles, 2007, V1: 71-94.
[9] Delprat S, Guerra T, Rimaux J. Control Strategies for Hybrid Vehicles: Synthesis & Evaluation [J]. Proc Instn Mech Engrs, Part D: Journal of automobile engineering, 2000, V214 (7): 705-717.
[10] Reiser C A, Bregoli L, Patterson T W, et al. A reverse-current decay mechanism for fuel cells [J]. Electrochemical and Solid-State Letters, 2005, 8 (6): A273-A276.
[11] Barsali S, Miulli C, Possenti A. A control strategy to minimize fuel consumption of series hybrid electric vehicles [J]. IEEE Transactions on energy conversion, 2004, V19 (1): 187-195.
[12] Konev A, Lezhnev L, Kolmanovsky I. Control strategy optimization for a series hybrid vehicle [C]. SAE Paper, 2006.
[13] Wang Z, Li W, Xu Y. A novel power control strategy of series hybrid electric vehicle [C]. International Conference on Intelligent Robots and Systems, 2007: 96-102.
[14] 陈全世,朱家琏,田光宇.先进电动汽车技术 [M].北京:化学工业出版社,2007.
[15] Ehsani M,等.现代电动汽车、混合动力电动汽车和燃料电池车-基本原理、理论和研究 [M].2版.倪光正,倪培宏,熊素铭,译.北京:机械工业出版社,2010.
[16] He H, Gao J, Zhang Y. Fuel cell output power-oriented control for a fuel cell hybrid electric vehicle [C]. Proceeding of American Control Conference, US: Seatle, 2008: 605-610.
[17] Pisu P, Rizzoni G. A supervisory control strategy for series hybrid electric vehicles with two energy storage systems [C]. Vehicle Power and Propulsion Conference, 2005: 65-72.

第 6 章

燃料电池城市客车动力系统集成及控制策略研究

目前，国内燃料电池汽车的研发取得较大进展，但是整车的装配工艺和轻量化对动力系统集成度提出了更高的要求；另外，控制策略的研究是燃料电池城市客车动力系统的核心，其目标是保证并提高燃油经济性和整车动力性能；同时在保证汽车动力性能以及相关性能的基础上，合理分配燃料电池与动力电池的能量供给，使车辆系统效率在较高水平，从而降低氢气的消耗，达到增加车辆行驶里程的目的[1]。因此，本章重点研究了燃料电池城市客车动力系统的集成及其控制策略。

6.1 系统集成总体设计方案

由第 2 章可知，整车动力系统共分为以下六个部分：燃料电池发动机；DC/DC 变换器；动力电池；电机；氢气系统；高低压安全系统。

该方案主要特点如下：

燃料电池提供持续的平均功率，可大幅度降低燃料电池的容量，降低对燃料电池的瞬态响应要求。

动力电池提供加速时的瞬时功率。

采用恒流 DC/DC 控制，精确控制燃料电池输出功率。

系统各部件规格如表 6-1 所示。

表 6-1 系统部件列表

部件名称	规格	型号
燃料电池系统	30kW	YTH30-60/120
氢系统	8×140L	PRHQ-221-35-02
驱动电机	100kW/200kW	TZ368XSYTB04 永磁同步电机
集成式控制器	18.4kW/L	KTZ52X60SYB04
电池系统	537.6V/64.5A·h	BUS_G5_BMU_E

在系统集成过程中，关键的是高低压电气系统和整车控制系统。安全可靠的电气系统是燃料电池城市客车正常运行的基本前提，高低压电气系统是燃料电池城市客车的重要组成部分，高压电气系统完成车辆电能的变换与传输，安全有效解决电动客车动力系统电能分配；低压电气系统完成车辆控制信号与运

行状态信号的传输。低压电气系统和高压电气系统相互配合,以得到整车动力系统的整体实施方案。

6.2 高低压系统集成

6.2.1 高低压系统构型

燃料电池城市客车动力系统中高低压系统构型如图 6-1 所示。

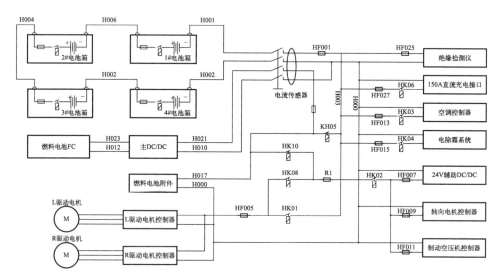

图 6-1 高低压系统构型示意图

6.2.2 预充电路

在宇通车辆上,在高低压电气设计中,支持了对电机控制器以及 DC/DC 的预充电路。其设计方案如图 6-2 所示。

线号功能说明:

318:主驱动电机预充接触器高边驱动信号;

317:主驱动电机主接触器低边驱动信号;

521:主驱动电机预充接触器触点状态数量信号;

319:DC/DC 高压回路预接触器低边驱动信号;

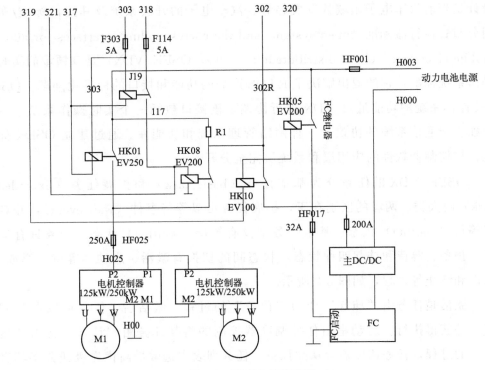

图 6-2 预充电路原理图

320：DC/DC 高压回路主控制器接触器低边驱动信号；

302，303：车辆 ON 挡情况下 24V 电源正；

H000：高压动力电池直流电源；

HK08：电机回路预充接触器；

HK01：电机回路主接触器；

HK10：DC/DC 回路预充接触器；

HK05：DC/DC 回路主接触器。

6.3 动力系统控制策略及控制算法

6.3.1 基于实时操作系统 OSEK 的软件结构

采用实时操作系统（real time operation system，RTOS）进行嵌入式程序

设计是当前汽车电子领域的发展趋势。汽车电子的开放系统及其接口标准/车用分布式执行器标准（open systems and the corresponding interfaces for automobile electronic/vehicle distributede xecutive，OSEK/VDX）是该领域的实时操作系统标准，它的提出解决了 RTOS 产品的功能和接口的标准化问题。OSEK 操作系统的功能通过 VDX 进行协调，该接口包括一个实时操作系统、一种独立于通信系统的协议、一种网络管理系统和功能库。通过建立 OSEK 标准，将控制器软件的应用层和系统层完全分开[2]。

OSEK/VDX 的任务分为基本任务（basic task）和扩展任务（extended task）两大类。两者的区别在于，扩展任务可以等待事件（wait event），并具有等待（waiting）状态；基本任务则没有等待（waiting）状态。任务具有运行、预备、等待和挂起四种状态，状态间的切换有激活、启动、等待、释放、抢占和终止等过程，如图 6-3 所示。

激活是任务由"挂起"变为"预备"的过程。激活后，任务可以参与调度，并获得执行。启动是由任务调度器控制的将某任务由"预备"变为"运行"的过程，任务调度器会从"预备"任务列表中选取最高优先级任务将其启动。等待是任务由"运行"变为"等待"的过程，进入等待状态的任务等待事件发生，实现与事件的同步。释放是使任务由"等待"状态变为"预备"状态的过程。抢占是任务由"运行"变为"预备"的过程。当有更高优先级的任务进入运行状态，本任务则有可能被占先而回到预备状态。终止就是任务被终止运行。

德国 Metrowerks 公司开发了实时操作系统 OSEK Turbo OS。该系统内核代码小、执行效率高、符合 OSEK/VDX 标准，并可通过 OSEK Builder 软件快速配置所需要的实时操作系统。此外，通过联合该公司开发的专门用于 MPC5xx 系列单片机的 C 编译器 CodeWarrior，可以使用户快速地将应用程序、控制算法程序与 OSEK Turbo OS 操作系统结合，从而构成一个完整的控制系统程序，并可进行实时在线调试[3]。

VCU 软件框架示于图 6-4。实时操作系统为 OSEK Turbo OS，采用 OSEK Builder 软件配置所需任务、中断等。QuickStart 软件用于设置单片机底层模块，如 QADC、TPU 和 TouCAN 等。上层算法在 Matlab/Simulink 中开发，利用代码自动生成功能直接将基于图形界面的算法转变为标准 C 语言代码。编译器采用 Codewarrior 软件。

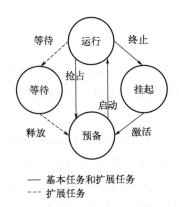

图 6-3 OSEK/VDX 的任务状态切换

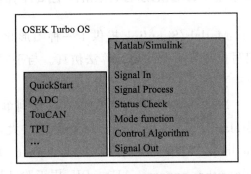

图 6-4 基于 OSEK 实时操作系统的软件框架

软件开发流程如图 6-5 所示。通过 OSEK Builder 配置所需实时操作系统，编译生成包含 OSEK Turbo OS 内核的 *.lib 库文件。在 Codewarrior 环境下，具有实时操作系统结构的库文件与由 QuickStart 配置生成的底层驱动文件和 Matlab/Simulink 上层算法代码文件一起经过编译连接后生成可执行的镜像文件，通过 CAN 或者 SCI 通信将代码下载到目标控制器。

在该开发流程中，实时操作系统、底层硬件驱动代码和上层控制算法的开发相对独立，缩短了开发周期，提高了控制系统的可靠性。

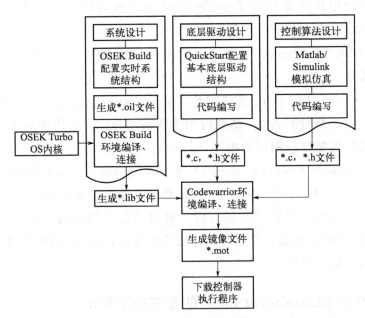

图 6-5 采用 Codewarrior 编译器的基于 OSEK 实时操作系统的软件开发流程

6.3.2 Matlab/Simulink 自动代码生成

Matlab/Simulink 提供了一种图形化编程界面,用户可以在图形化界面中编写控制算法,并进行算法仿真。与手写 C 代码开发模式相比,这种开发模式效率更高。

Matlab/Simulink 为 MPC5xx 系列单片机提供了 Embedded Target for Motorola MPC 555 工具包[4],主要有三大功能:处理器在环仿真(processor in the loop,PIL)、实时代码生成(stand alone real-time code,RT)和算法输出(algorithm export,AE)。PIL 用于验证控制器模型在真实环境中的执行情况,仅用于验证目标处理器的运算能力,实际意义不大。RT 模块支持 MPC5xx 单片机的 MIOS、QADC、TouCAN 等硬件模块,可以将硬件驱动模块加入 Matlab/Simulink 中。经过 Build 后,生成能在 MPC5xx 单片机中运行的代码。但自动生成的代码无法修改,不支持实时操作系统的使用,不具备监控和调试功能,且与 Codewarrior 编译器不兼容。AE 功能利用 Real-Time Workshop 中的 TLC(target language compiler)工具将 Matlab/Simulink 算法转化为 C 语言,支持 Codewarrior 环境,可与其他 C 语言代码无缝连接,形成最终的控制器软件。TLC 是 Matlab 数学工具库 Real-Time Workshop 中的一种高级工具,通过它用户可以自定义 Real-Time Workshop 生成的代码,以满足不同工作的需要。自动代码生成的相关设置如下:

① 在 MPC555 Target Preferences Setup 中,设置所选用的编译器,单片机类型等参数。

② 在 Matlab/Simulink 算法模型 Configuration parameters/solver 中,设置模型运行的起始时间为 0,结束时间为无穷(inf),采用固定步长运行,运算步长与实际控制器控制周期相等(10ms)。

③ 在 Matlab/Simulink 算法模型 Configuration parameters/Real-Time Workshop 中,选择 mpc555exp.tlc 为自动代码生成的编译模板。

通过自动代码功能生成 C 语言后,将相关文件与其余 C 语言文件一起在 Codewarrior 中编译连接,生成可执行的镜像文件,通过 CAN 或者 SCI 通信将代码下载到目标控制器。

6.3.3 基于 Matlab/Simulink 的整车控制算法

图 6-6 给出了基于 Matlab/Simulink 环境的整车控制算法。该算法从功能

上可以分为信号输入、信号输出、整车模式判断、电机模式切换、司机命令解释、自适应能量管理、容错控制、制动气压调节和仪表协议转换等几个模块[5]。

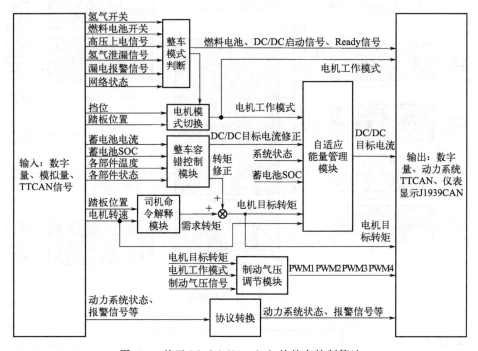

图 6-6　基于 Matlab/Simulink 的整车控制算法

图 6-7 给出了一个基于 Matlab/Simulink 环境的整车控制算法实例。各控制器的输入信号分五组：CANA_In，CANB_In，CANC_In，Digital_In，Analog_In。经过相应的接收和处理模块，进入显示模块（Display）、整车控制模块（Vehicle Control Algorithm）和换挡控制模块（AMT Coordinated Control）进行数据处理。通过三路 CAN 将数据传送出去；并通过数字量输出端口，控制高压上电、供氢开关；通过 PWM 输出端口，控制制动回馈气压调节阀。

6.3.4　主体程序

这部分输入信号包括燃料电池开关、状态、故障信号、氢气开关、压力、泄漏、烟雾信号、DC/DC 状态信号、转速信号等，经过启动与关闭逻辑模块，控制燃料电池、DC/DC、动力电池等的状态，如图 6-8 所示。

对于整车上电的控制逻辑模块，初始状态整车没有上电，氢气阀关闭。如果 2 级漏电、烟雾传感器、碰撞传感器、氢压过低都没有报警，则整车上电并

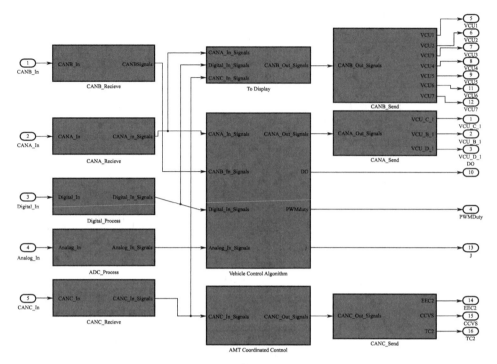

图 6-7 算法总框架

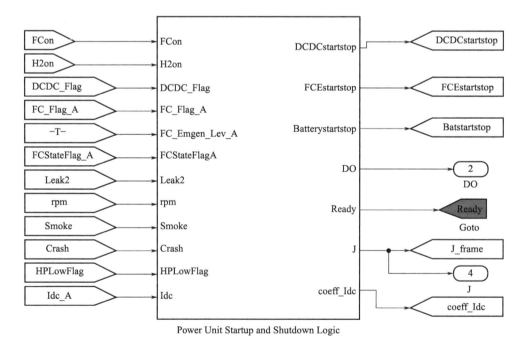

图 6-8 启动与关闭逻辑模块

且打开氢气阀；如果氢压报警，则只允许整车上电；如果检测到烟雾报警或者 2 级泄漏报警，同时车速为零、DC 电流为零，则整车断电，关闭氢气阀；如果检测到碰撞传感器报警，则整车断电，关闭氢气阀，如图 6-9 所示。

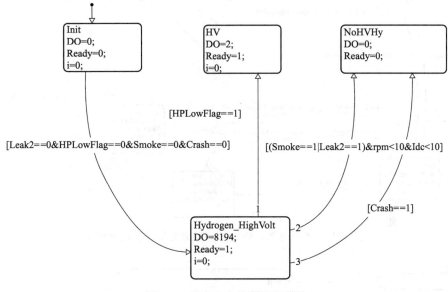

图 6-9　整车上电控制逻辑模块

整车上电后，燃料电池、DC/DC、动力电池的开启需要进一步判断。初始状态 DC/DC、动力电池、燃料电池都关闭。如果燃料电池和 DC/DC 都存在 LIFE 信号，且燃料电池和氢气开关都打开，则启动 DC/DC 和动力电池，再次检查燃料电池和氢气开关；如果打开，则启动燃料电池，启动 1min 后，如果检测到燃料电池故障级别为 3 或状态依然处于自检中，则关闭燃料电池；以上过程中如果发现关闭 DC/DC，或关闭氢气开关，或传感器报警，都会关闭燃料电池，如图 6-10 所示。

电机状态控制逻辑模块部分输入信号包括高压信号、挡位信号、加速制动踏板信号等，经过电机状态控制逻辑模块，控制电机的工作模式，如图 6-11 所示。

初始状态，电机处于停止状态。当检测到高压信号和前进挡信号，电机进入前进模式；当检测到高压信号和倒挡信号，电机进入反转模式；前进和倒退模式之间也可以切换，根据司机挡位信号。静止和后退模式中都不会启动制动回馈，如图 6-12 所示。

电机进入前进模式后，根据加速、制动踏板信号可以在正常前进、滑行、制动回馈三个模式之间切换。整车处于前进挡时，若检测到加速和制动踏板都

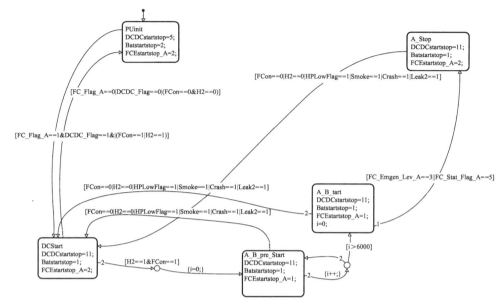

图 6-10 燃料电池、DC/DC、动力电池开启逻辑模块

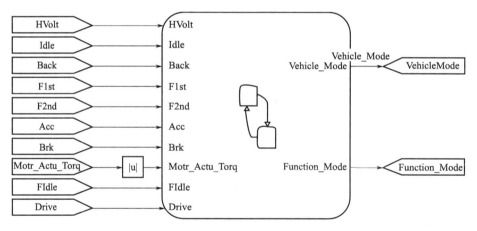

图 6-11 电机状态控制逻辑模块

没有信号,则进入滑行模式;若检测到制动踏板信号同时电机实际转矩近乎为零,则进入制动回馈模式;滑行到制动回馈,要求检测到制动踏板信号同时电机实际转矩近乎为零,如图 6-13 所示。

司机命令解释模块输入的转速信号和加速度信号通过查表得到电机转矩,经过系数修正后作为电机的目标转矩[6],如图 6-14 所示。

能量管理模块根据输入的转矩和转速信号可以得到电机目标功率,加上辅助功率后除以 DC/DC 的电压得到电流,经过多项系数修正作为目标电流的备

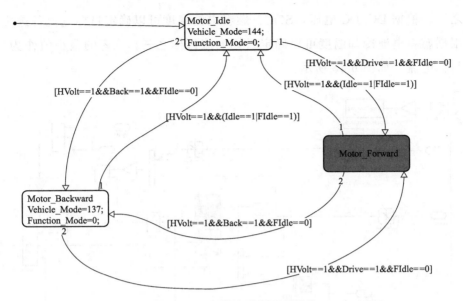

图 6-12 电机状态控制逻辑模块

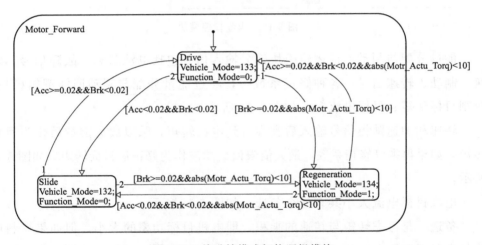

图 6-13 前进挡模式切换逻辑模块

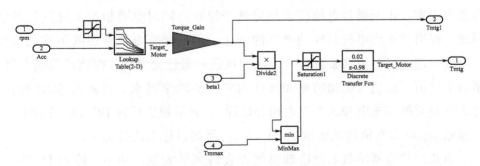

图 6-14 司机命令解释模块

第 6 章 燃料电池城市客车动力系统集成及控制策略研究　133

选之一。根据 DC/DC 电压，SOC，燃料电池温度可以确定目标电流备选之二。只根据燃料电池冷却温度可以确定目标电流目标之三。三者的最小值作为最终的目标电流，如图 6-15 所示。

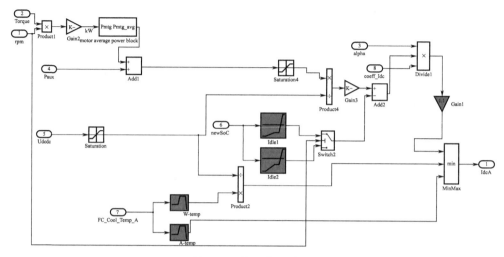

图 6-15　能量管理模块

能量分配与制动回馈逻辑模块部分输入信号包括电池状态、故障信号，加速、制动、转速信号，各种修正系数等，经过能量分配与制动回馈逻辑模块，控制目标转矩、目标电流等，如图 6-16 所示。

转速和加速踏板信号输入后查表得到电机转矩，乘以放大因数后作为目标转矩，如果再乘以修正系数，最大值限值后滤波作为修正后目标转矩，如图 6-17 所示。

电堆目标电流大小共有三个备选，如图 6-18 所示。

备选一是考虑转矩与转速的乘积，即电机目标功率的大小。但如果燃料电池状态紧紧跟随电机目标转矩，则电池状态变化太快，对整车性能以及电池寿命都有损害；由于燃料电池应该尽量处于稳态，同时也要根据工况进行调整，因此，提出"平均电机目标功率"的概念，保证燃料电池状态既不变化太快，也可在合理的时间里调整到符合工况的状态，通过变参数一阶滤波得到电机功率的平均值。此值与辅助功率相加作为整车的功率需求，再减去 SOC 的补偿功率（分为静态充电和动态充电两种情况），最后乘以诊断 DC/DC 目标电流修正参数 alpha 和开机修正参数 coeff_Idc，得到目标电流备选一。

备选二是根据燃料电池冷却温度查表得到最大输出功率，除以 DC/DC 电压得到目标电流。

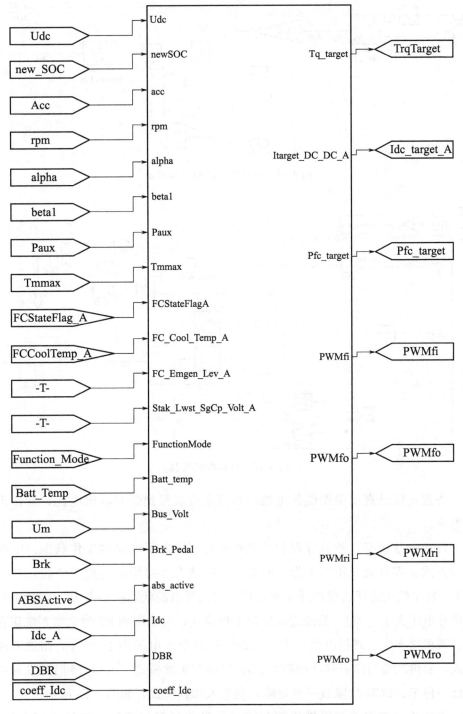

图 6-16　能量分配与制动回馈逻辑模块

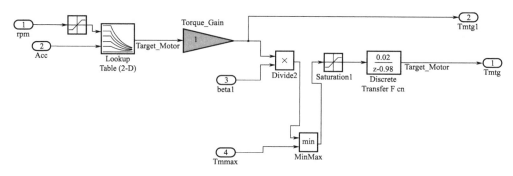

图 6-17 目标转矩控制逻辑模块

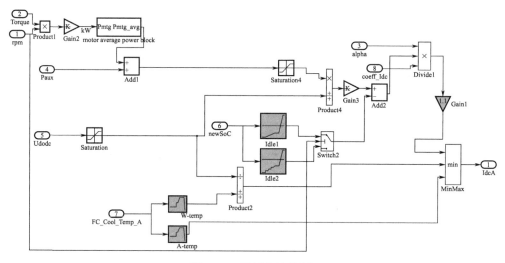

图 6-18 目标电流控制

备选三则是直接根据燃料电池冷却温度查表得到最大输出电流,就作为目标电流。

燃料电池状态、故障等级和最低单片电压决定了电池的工作状态。电池共四种模式:零负载、正常工作、卸载和保持状态。初始状态处于空载,当检测到 FC 发动机系统开启成功并正常运行,进入预启动状态;1min 后,或检测到最低单片电压大于 0.8V,系统进入正常工作模式;当检测到 FC 发动机系统正在停车、需求功率大于燃料电池功率、二级故障或单片电压小于 0.6V,则进入卸载模式,若再次检测没有这些故障,1min 后回到正常模式;当检查到 FC 发动机系统已经停车、ECU 故障或三级故障,则进入卸载模式,如图 6-19 所示。

系统诊断与修正逻辑模块部分输入信号包括氢气泄漏、碰撞、压力信号,电池、电机系统电压、电流、温度信号,SOC 等,经过系统诊断与修正逻辑

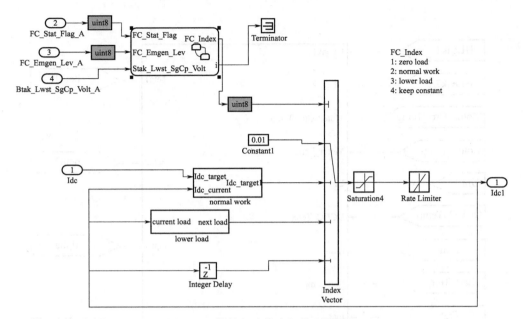

图 6-19 燃料电池模式切换逻辑模块

模块，修正电机驱动功率，修正电机制动功率，修正 DC/DC 目标电流，修正 SOC，计算最大目标转矩和附件功率等，如图 6-20 所示。

对于整车安全诊断，主要考虑氢气泄漏、烟雾报警和碰撞报警。氢气一级泄漏和二级泄漏修正电机驱动功率，修正 DC/DC 目标电流；当检测到烟雾报警信号，电机驱动功率修正系数为零，即电机驱动功率为零；当检测到碰撞报警信号，电机驱动功率和 DC/DC 目标电流都为零，如图 6-21 所示。

对于电机诊断，是对电机控制器温度、电机温度和总线电压的限制。控制器温度达到 85℃，电机功率减半；电机温度超过 180℃，目标功率减为零；总线电压低于 310V，电机驱动功率过大，限制为零，电压超过 390V，电机回馈功率过大，限制为零，如图 6-22 所示。DC/DC 温度诊断，超过 85℃，DC/DC 目标电流减半，如图 6-23 所示。

燃料电池诊断的四个输入参数最大电池电压（390V），最高温度（绝对值和变化率），最高、最低单片电压共同影响 beta1、beta2、alpha 的大小，如图 6-24 所示。SOC 诊断模块是整个诊断逻辑模块的核心。信号中有两个 SOC 值——SOC 估计值和 SOC 实际值。其中，SOC 估计值是根据电流传感器是否工作正常采用不同方法计算：电流传感器正常则采用安时积分法；否则查"开路电压-SOC"关系图表。判断何时用估计值，何时用实际值非常重要。根据

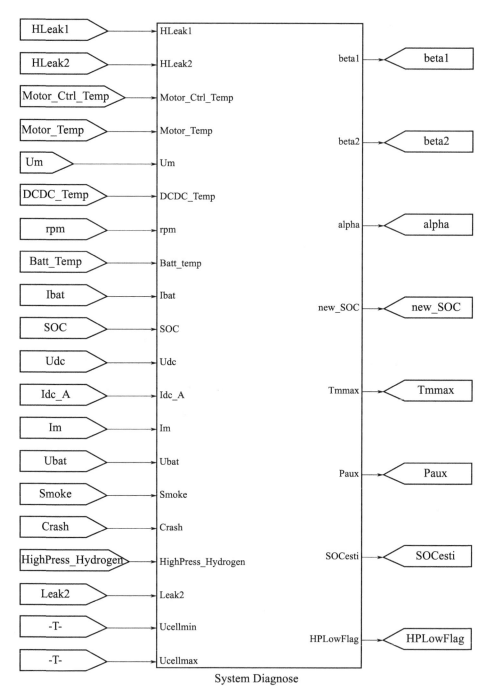

图 6-20 系统诊断与修正逻辑模块

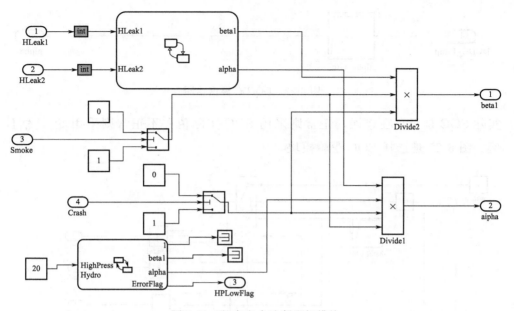

图 6-21 整车安全诊断逻辑模块

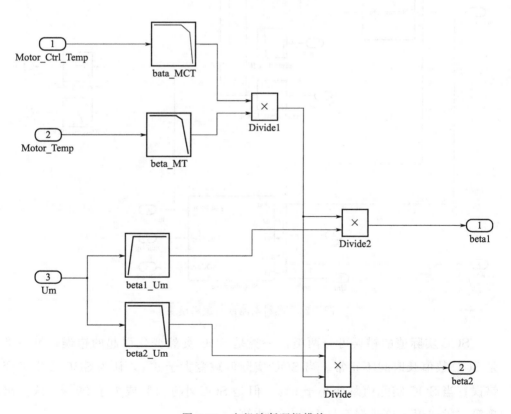

图 6-22 电机诊断逻辑模块

图 6-23　DC/DC 温度诊断

实际 SOC 是否存在错误，正常则采用 SOC 实际值；不正常则采用 SOC 估计值。图 6-25 是选择 SOC 逻辑模块。

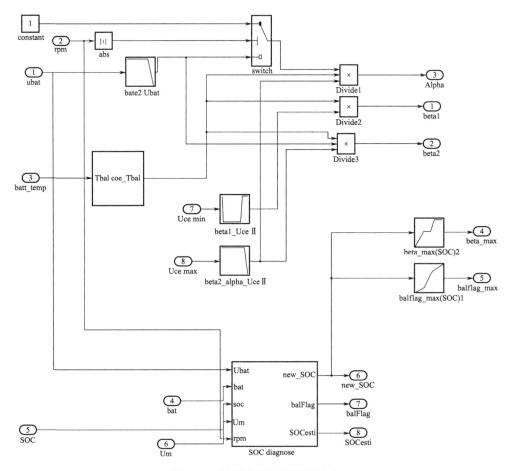

图 6-24　燃料电池诊断逻辑模块

SOC 实际值的错误可分两类：一类是 SOC 突然变化引起的错误；另一类是 SOC 数值长时间不正常。当 SOC 实际值跳变大于 5%，认为 SOC 发生突变错误；当 SOC 实际值跳变小于 5%，但是 SOC 小于 1% 或大于 99%，认为出现第二类错误，该错误容易在开启时出现。

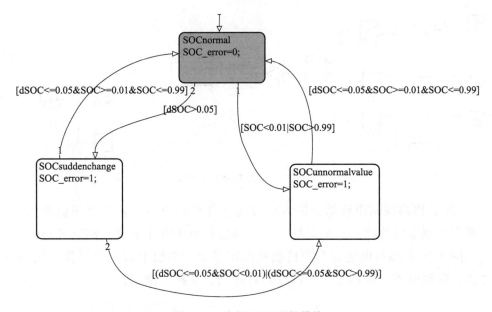

图 6-25 选择 SOC 逻辑模块

电机最大转矩的影响因素有电池最大输出电流、电池电压、总线电压、DC 电压、电流和转速。其中，电池最大输出电流受到 SOC 大小的限制，SOC 小时，电池最大输出电流也较小，具体值是根据电池生产厂家的要求制定的，如图 6-26 所示。

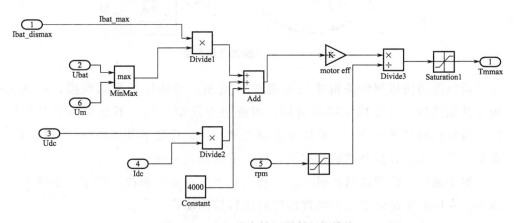

图 6-26 电机最大转矩限制逻辑模块

辅助功率＝电池输出功率＋DC/DC 输出功率－电机消耗功率。通过限制、滤波后，还要判断电流传感器状态，如果电流传感器工作正常，采用计算得到的辅助功率；如果不正常，采用经验值 4kW 作为辅助功率，如图 6-27 所示。

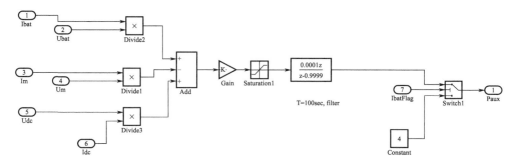

图 6-27　辅助功率逻辑模块

AMT 协调控制模块部分输入信号包括各种挡位信号，根据司机操作信号和整车控制器换挡控制逻辑模块，可实现燃料电池客车前进、倒退等动作。

图 6-28 是燃料电池客车司机换挡操作界面，旋钮上有三个挡位：强制一、二挡，强制空挡；按钮有三个挡位：前进挡、空挡、倒挡。

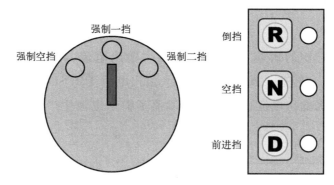

图 6-28　司机换挡操作界面

司机换挡信号判断逻辑模块如图 6-29 所示。当旋钮至强制空挡，不论再按下其他挡位，目标挡位都是空挡；当旋钮至强制一挡，不论再按下其他挡位，目标挡位都是一挡；当旋钮至强制二挡，不论再按下其他挡位，目标挡位都是二挡；在没有强制挡的情况下，以按下的挡位为准。

对于摘挡、挂挡控制逻辑模块，初始状态没有摘挡和挂挡动作，如图 6-30 所示。在同时满足以下三个条件的时候进行摘挡动作：

a. 目标挡位和前一时刻目标挡位不同；

b. 燃料电池客车速度降为零（转速小于 10r/min）；

c. 目标挡位和实际挡位不同。

如果摘挡不成功，10s 之后，换挡控制器回到初始状态，由此保证控制逻辑模块不致进入死循环。当实际挡位为零时，进行挂挡。如果挂挡成功，即目

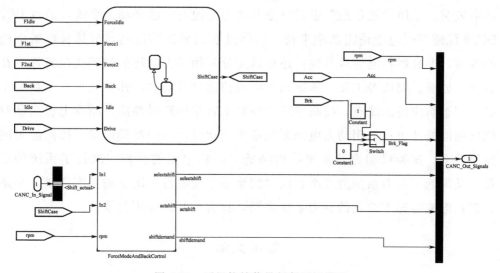

图 6-29 司机换挡信号判断逻辑模块

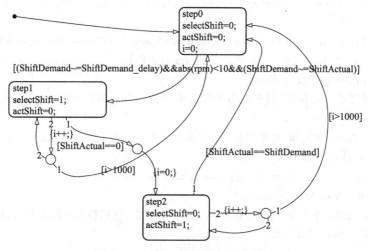

图 6-30 摘挡、挂挡控制逻辑模块

标挡位等于实际挡位,则摘挡动作、挂挡动作停止;如果挂挡不成功,10s 之后,换挡控制器回到初始状态,由此保证控制逻辑模块不致进入死循环。

6.4 总结与展望

本章主要对燃料电池城市客车动力系统集成及控制策略进行了初步研究,

结果表明，采用"能量型"燃料电池和动力电池电电混合动力系统，通过DC/DC来保证燃料电池输出功率平稳，始终处在高效工作区间，可延长燃料电池的寿命，提高燃料电池可靠性；还可以充分利用动力电池的快速放电特性，在启动、加速、爬坡等工况，依靠动力电池快速提升功率，弥补燃料电池功率不足、动态响应慢的缺点，提高燃料电池城市客车的瞬时性能，减少电机变载对燃料电池的冲击；利用动力电池回收整车制动时产生的制动能量，提高能量的使用效率。这种双动力源系统结构降低了燃料电池的功率，减轻了系统的重量，又降低了动力系统的成本，同时满足整车在各种工况下的功率需求，是适合燃料电池客车产业化的动力系统构型，具有广阔的应用前景。

参考文献

［1］Paganelli G，Delprat S，Guerra T M，et al. Equivalent consumption minimization strategy for a parallel hybrid powertrains［C］. Proceeding of Vehicular Technology Conference，2002，V4：2076-2081.
［2］Gao J，Sun J，He H. A Comparative Study of Supervisory Control Strategies for a Series Hybrid Electric Vehicle［C］. Asia-Pacific Power and Energy Engineering Conference，Wuhan，China，March 28-29，2009.
［3］郭彬，秦孔建，卢青春.混合动力系统构型和控制方法研究［J］.汽车科技，2006（5）：10-13.
［4］陈树勇，仇斌，陈全世.电电混合燃料电池城市客车动力系统建模与仿真［J］.系统仿真学报，2008（14）：3833-3868.
［5］Won Jong-Seob. Intelligent Energy Management Agent for a Parallel Hybrid Vehicle［D］. US：Texas A & M University，2003.
［6］王玉海，宋健，李兴坤.驾驶员意图和行驶环境的统一识别和实时算法［J］.机械工程学报，2006，V42（4）：206-212.

第 7 章

燃料电池城市客车整车控制与节能技术研究

整车控制系统的开发是燃料电池城市客车开发过程中的一个重要环节[1]。从理论研究的角度来看，能量管理策略的核心问题是燃料电池混合动力汽车的动力系统工作模式选择和功率分配控制策略。因此，本章重点介绍整车动力系统控制策略及控制算法，并在此基础上，研究了制动能量回收控制技术，并开发了高效电机系统及控制技术。

7.1 整车控制技术

7.1.1 整车动力系统网络结构

新一代控制器以飞思卡尔公司推出的 MPC5644A 作为数字核心。MPC5644A 是一款基于 PowerPC 架构的 32 位微控制器芯片，它功能强大，性能优异，专为传统燃油汽车和混合动力汽车的动力总成控制而设计，具有功耗低，主频高，储存容量大，集成度高等特点。基于 Power Architecture 的 e200z4 双核设计支持高达 300DMIPS 运算速度和高达 150MHz 的 DSP 能力。同时，MPC5644A 具有两路 Flexray，可实现高速率、高可靠的实时通信。

整车动力系统网络结构如图 7-1 所示，由三路 CAN 以及一路 Flexray 组成，三路 CAN 分别是 CAN A，CAN B 和 CAN C。此外，CAN D 为数据采集 CAN，专为数据采集使用。

Flexray 通道上的控制节点包括 DC/DC 变换器和电机，在整车系统中，燃料电池的功率输出是由 DC/DC 变换器来控制的，因此 Flexray 通道主要用来调节整车功率分配，使用 Flexray 来进行通信，其响应速度是传统的 CAN 网络无法比拟的，可以更高频地控制功率部件，实现更加高效的控制策略。CAN A 上主要包括燃料电池，动力电池，辅助 DC/DC 变换器，电动助力转向及电动空压机等，CAN A 主要作用是和各个部件通信，了解各个部件的工作状态，判断是否有故障产生。CAN B 主要连接仪表系统，将整车的状态发送至仪表系统，最终显示在驾驶员前的仪表盘上。CAN C 上连接了浓度传感器、充电机控制器等，用于检测氢气是否有泄漏，以及外接充电控制。CAN D 是数据采集系统用以采集 DC/DC 变换器以及电机 CAN 信号的通道，不参与整车控制功能。

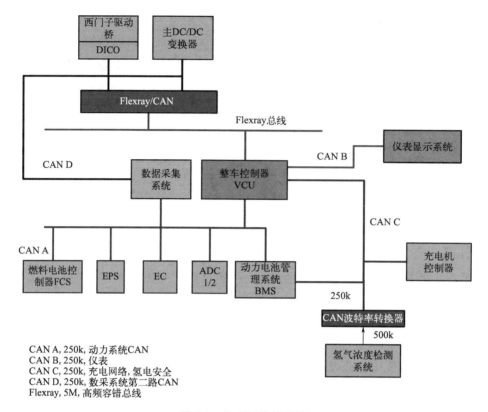

图 7-1 整车网络拓扑图

7.1.2 整车能量管理控制策略开发

要提升整车的节能技术,首先要对整车能量管理控制策略进行开发,而整车能量管理策略目标是实现燃料电池系统和动力电池系统之间不间断运行,保证电-电混合动力系统的最优控制率,通过全局优化算法求解动力系统的最优控制问题[2]。基于全局优化的电-电混合动力系统能量管理策略开发总体流程如图 7-2 所示。

基于燃料电池客车构型的分析,建立整车模型,根据动力系统的构型确定其工作模式。对不同工作模式下的能量耦合机制进行分析,然后确定控制目标,即制定能量管理策略的主要目的,建立关于最佳电耗的目标函数方程,然后建立全局优化的目标函数,基于循环工况下能量管理策略,找出燃料电池、动力电池和主驱动电机之间的最佳能量分配以及在此控制策略下的电耗,求取在该循环工况下最低的电量消耗。

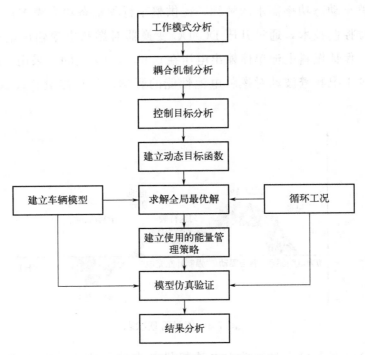

图 7-2 能量管理策略开发总体流程

7.1.3 整车能域解耦设计

燃料电池客车电-电混合动力系统是一个典型的机、电多能域耦合系统[3]。燃料电池客车动力系统具有四种耦合状态：①燃料电池系统给动力电池充电，同时为主驱动电机驱动车辆提供能量；②燃料电池系统与动力电池系统共同为整车提供能量；③动力电池系统单独为主驱动电机驱动车辆提供能量；④燃料电池系统单独为主驱动电机驱动车辆提供能量。基于上述四种耦合状态，建立耦合约束方程如下：

$$P(k_a, n, \text{SOC}) = P(U, I)\eta_d$$

式中，η_d 是电源系统放电的总效率；$P(U, I)$ 是电源系统的放电功率；$P(k_a, n, \text{SOC})$ 是整车驱动功率；k_a 是加速踏板开度；n 是主电机转速；SOC 是动力电池的电量。

针对燃料电池系统工作模式和动力电池系统的充放电特性，将动力电池与高压母线直接连接，充分利用动力电池系统的快速响应特性，提供整车行驶动态功率需求。燃料电池系统通过升压 DC/DC 变换器与高压母线连接，实现燃料电池与整车动态功率需求的解耦,提供整车行驶稳态功率需求;采用燃料电池电压钳位控制技术,通过升压 DC/DC 变换器对燃料电池输出电压进行闭环反馈控制,保证燃料电池单体输出电压在 0.6～0.8V 之间。采用 Soft-run 控制策略,减少工况频繁波动对燃料电池性能的影响,整车能量管理状态如图 7-3 所示。

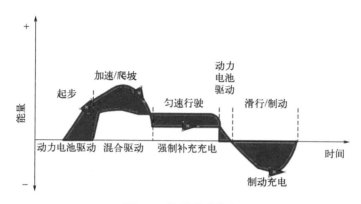

图 7-3 能量管理状态

燃料电池客车起步时,动力电池提供整车能量需求;在加速或爬坡工况下,燃料电池和动力电池混合驱动,共同提供整车能量需求;匀速工况下,燃料电池提供整车所需能量,同时给动力电池充电;滑行或制动工况下,动力电池回收制动能量。

通过上述技术开发,能够产生三个作用:①节能。燃料电池系统能够在高效区工作,燃料电池系统效率为 45%,比额定功率时的效率 40% 高出 5%,能够有效节能。②保护燃料电池系统。通过电压钳位、取消怠速等措施,燃料电池系统稳定输出,延长燃料电池系统寿命。③保护动力电池寿命。动力电池系统处于浅充浅放的状态,有效延长动力电池系统寿命。

7.2 整车节能技术

7.2.1 制动能量回收控制技术

燃料电池客车制动过程中消耗的能量一般占直接驱动车辆运行总能耗的

30%～50%，制动能量回收是燃料电池客车的重要节能措施之一。车辆在制动减速时，由电机回收制动能量，可以给动力电池充电，有利于降低整车能耗[4]。

现有常规制动系统为叠加式制动系统，即驾驶员踩下制动踏板空行程时，仅通过空行程信号触发电制动力，此时无气制动力介入，踏板踩踏感觉轻便；制动踏板踩过空行程时，制动踏板踩踏阻力增加，此时随着气制动力的介入，电制动力并没有变化，制动系统变为气电制动力叠加控制方式。通常驾驶员为避免过大的电制动力总是频繁松踩制动踏板来实现对制动力的调节，整车制动平顺性差，不利于整车制动能量回收。同时，由于电机回馈制动的提前介入会在极端制动工况（低附路面）下对制动安全性带来影响。制动系统阀体安装如图 7-4 所示。

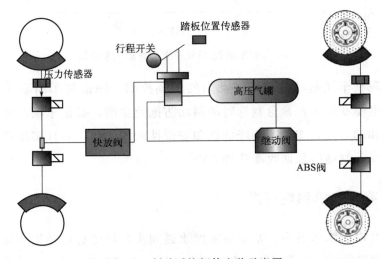

图 7-4 制动系统阀体安装示意图

车辆以 60km/h 的初速度开始以一定的刹车踏板开度进行制动试验，验证复合制动的制动力分配。测试结果如图 7-5 所示。在制动开始阶段，电机沿外特性进行转矩输出，电机转矩不能满足制动转矩需求，因此前后轴制动力开始增加，待电机转速达到基速以下后，电机的制动转矩可以满足制动要求，前后轴制动力开始撤出。

复合制动能够实现制动踏板和制动力的解耦，前后轴的制动力可以按照控制策略的要求来执行。从试验结果来看，复合制动有效扩大电机回馈制动空间，提高了电制动回馈能力，能有效保证驾驶员刹车制动力的一致性。

复合制动系统在保证驾驶员制动踏板感觉一致性、制动力线性增加变化的

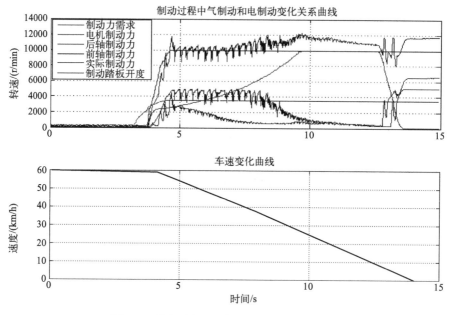

图 7-5 刹车踏板 35% 开度下制动关系曲线

同时，实现整车气制动力和电制动力的解耦控制，保证整车制动能量回收效果；实现电驱动客车在紧急制动时的制动防抱死功能，保证车辆在极端工况下的安全性和动力性，实现车辆经济性和安全性能的优化，并且实现最大化的回收制动能量，制动能量回收率达到 60%。

7.2.2 高效电机系统开发

为提升电机本体效率，基于高密度永磁同步电机的磁路结构和材料特性进行了电机磁场、应力、温度场的多场耦合设计，得到电机电磁方案。采用新能源车用电机专用低损耗软磁材料来降低铁耗，硅钢片牌号为 35AV1900；采用定子分块技术来降低铜耗，漆包线型号为 $\phi 0.96$ 耐电晕漆包线 QP-2；通过极槽配合优化技术对电机转矩波动进行抑制，提高电机输出转矩品质；进行电机各零部件的模态分析，降低电机振动噪声。通过以上精细化设计及先进材料的使用，使电机系统转矩密度达到 17.07N·m/kg，最高效率达到 95%，如图 7-6 所示。

7.2.3 高效电机控制技术

优化电机控制器绝缘栅双极晶体管（IGBT）损耗和电机弱磁损耗能够提升电机系统运行效率。IGBT 开关损耗在电机系统损耗中占一定比例，与

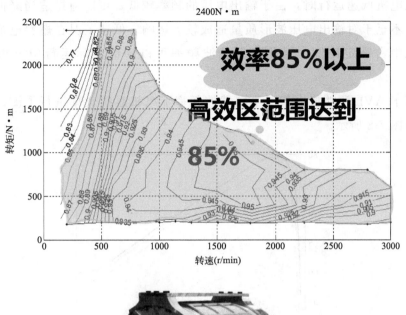

图 7-6　电机效率-转矩-转速关系图与实物图

IGBT 的芯片技术、载波频率、电压、电流等因素有关，其中载波频率是主要因素，选择合适的载波频率可以降低 IGBT 损耗。不同工况下载波频率和效率对应曲线如图 7-7 所示。

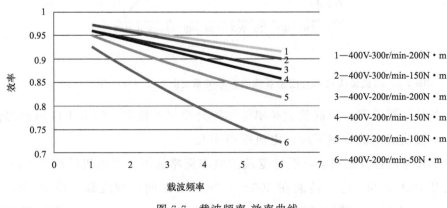

图 7-7　载波频率-效率曲线

在电机低速运行时,由于输出电压的频率较低,可以通过适当降低载波频率,而不至于对输出电压波形质量造成较大影响。低速工况在燃料电池客车运行工况中占一定比例,因此降低载波频率可以降低实际运行中电机系统的能耗。

基于AVL测功机台架对不同载波频率下电机系统效率进行了测试,测试结果如图7-8所示。

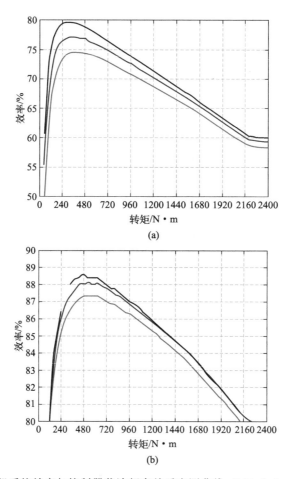

图7-8 电机系统效率与控制器载波频率关系实测曲线(100r/min、300r/min)

测试结果表明,降低载波频率能够提升控制器效率,但由于输出波形谐波增加,会造成电机效率下降,电机噪声增大。

综合考虑各方面因素,设计变载波频率策略如下:当电机转速<300r/min,载波频率设为2k;电机转速在300~600r/min之间,载波频率设为4k;当转速大于600r/min,载波频率恢复为6k。车用永磁同步电机一般将转折转速设

计为最大转速的一半附近,在转折转速以上运行时,受直流母线电压限制,控制器不能输出超过电机反电势的电压,此时需要弱磁电流来压制电机反电势。弱磁电流属于无功电流,会带来额外的铜损,降低电机系统效率。SVPWM(空间矢量脉宽调制)调制方式下,电机控制器对直流母线电压利用率一般在95%左右。开发过调制算法,将电压利用率提升至108%左右。

优化前后电机的效率 MAP 对比如图 7-9 所示。从图中可以看出,电压利用率提升后,电机效率 MAP 中大于 96% 的区域明显增加,电机高速区效率有一定程度提升。

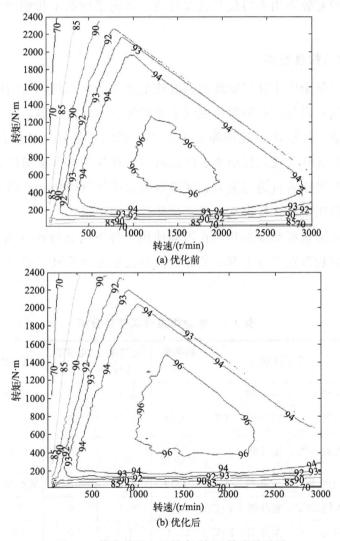

图 7-9 优化前后电机效率-转矩-转速关系图

7.2.4 高效电动化附件

(1) 高效电动助力转向系统

电动转向油泵总成采用全铝壳轻量化设计,具有散热好、重量轻、体积小等优点[5]。节能型转向电机采用功率密度高、过载能力强的永磁同步电机,系统效率高于92%,相比普通型无刷电机效率提高了3%。整车控制策略上采用动态变频节能技术,快速响应整车需求,系统静态怠速能耗195W,降低了20%,能量的有效利用率得到了极大提高。转向系统的工作噪声降低至62dB,降低了5dB。

(2) 电动热泵空调

开发出了基于中压补气原理的低温热泵型电动空调器,电动涡旋压缩机外部的中压补气处理与控制装置由混气节流装置、中间换热器、补气单向阀、补气连接管组成,并依次通过压缩机中设置的降温增效补气机构的外置快速接头、压缩机内置补气孔连接通道、压缩机内置补气孔进入压缩机相应的压力腔部位与其中的过热蒸汽进行混合,使得压缩机排气量增加,达到补气增焓的效果,实现降低压缩机排气温度、提高供热性能的作用。

对比了普通热泵和低温热泵在不同使用条件下的能效比(如表7-1所示),可以看出低温热泵在三种工况下的能效比都优于普通热泵,低温工况下优势尤其明显。

表7-1 电动热泵空调能效分析

空调类型	运行工况状态	制热量/kW	电功率/kW	电辅热/kW	能效比	备注
普通热泵	室内侧20℃,室外侧7/6℃	22.54	8.23	0	2.74	标准工况
	室内侧20℃,室外侧-10℃	15.54	8.51	8	1.43	低温工况
	室内侧20℃,室外侧-20℃	无法正常运行	—	23	0.85	超低温工况
低温热泵	室内侧20℃,室外侧7/6℃	23.43	8.42	0	2.78	标准工况
	室内侧20℃,室外侧-10℃	23.1	8.25	0	2.8	低温工况
	室内侧20℃,室外侧-20℃	21.4	7.8	0	2.74	超低温工况

（3）高效电动空压机

宇通燃料电池客车主要采用双活塞式电动空压机，通过空压机轻量化、散热风扇优化、活塞泵头优化和电机匹配优化等技术提高空压机效率。

压缩空压机电耗，从本体效率优化和匹配优化两个方面开展工作。一方面，对缸盖总成的进排气结构进行优化，同时采用效率更高的永磁同步电机驱动，使电动空压机的比功耗由 $13.75kW \cdot min/m^3$ 降低至 $10.53kW \cdot min/m^3$，能耗降低30%以上。另一方面，优化活塞泵头和电机匹配，选取空压机特性曲线图上效率最高点，读取该点附近的转速、电流、功率和转矩特性值，结合特性曲线找出类型、功率参数、过载系数、绝缘等级、防护等级最为匹配的电机。

在提高产品的环境适应性方面，通过电机和润滑油的良好匹配，保证空压机在-40～55℃环境下可靠运行。同时匹配防护等级更高的电机和24V散热风扇，在喘气口上增加单向阀，整机防护等级达到GB/T 4208规定的IP67防护等级。

（4）高压电除霜技术

基于水暖与电热集成式散热技术、双向进风结构、无级调速控制和智能霜传感技术，开发了耐久性3000h的水暖与电热功能集成化的新型除霜器，既可利用整车独立水暖的热量，也可利用车载储能装置的电能来实现除霜功能，从而降低电除霜系统工作时的能耗，提高能源利用率。通过将条状铂碳发热体嵌入水暖散热器水箱的方式实现，既能保证除霜器功率，又能减小除霜器的尺寸，降低流道风阻，减小整体质量。

除霜器的水暖散热量为9kW，电功率为5kW，出风风量为$900m^3/h$，整体重量为7.5kg，质量降低了9.4%，相比原有除霜器整体能耗降低了10%；风机采用直流无刷风机，实现风速平滑调节，可靠性高。利用宇通电除霜系统试验台完成3000h的耐久性试验，试验结果符合预期。

针对燃料电池客车系统的电动化特点，采用变流量电动助力转向、电动节能空调、高效电动空压机、高压电除霜系统，匹配高效工作区域，并结合集成控制器进行电附件能量的综合管理，引入辅助系统优先级管理机制，约束低优先级辅助系统的能耗，辅助系统的综合能耗降低10%。电附件综合能量管理如图7-10所示。

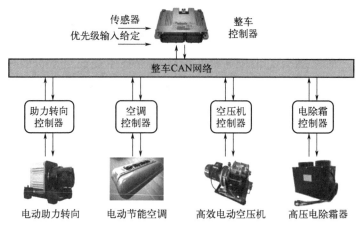

图 7-10 电附件综合能量管理

7.3 总结与展望

本章主要针对燃料电池整车的控制技术以及节能技术做了重点研究，具体内容如下：

① 采用 CAN 总线构建分布式控制网络，从燃料电池、动力电池和驱动电机系统等方面对整车进行分析，制定整车功能安全策略、故障诊断策略和容错控制策略。

② 依据燃料电池-动力电池电-电混合动力系统特性，开发燃料电池充电与制动回馈充电协同控制技术，实现全制动过程的能量回收；制定在满足制动性能前提下的再生制动优先的控制策略以及可动态调整的机、电制动力分配策略，提高制动能量回收率，实现整车的综合能量管理优化与可靠运行，降低整车能耗。通过使用高导磁性能的硅钢片、变频绕组、高磁密弱退磁的永磁体，优化电机电磁设计；通过元器件性能优化、变载波频率控制等途径，提高电机系统快速动态响应性能及系统效率。基于电附件能量消耗随工况变化特性，采用电动助力转向、电动节能空调和高效电动空压机，建立电附件优先级管理机制，制定电附件综合能量管理策略，降低电附件系统的综合能耗。

参考文献

[1] Jonannesson L, Asbogard M, Egardt B. Assessing the Potential of Predictive Control for Hybrid Vehicle Powertrains using Stochastic Dynamic Programming [J]. IEEE Transactions on Intelligent Transportation Systems, 2007, V8 (1): 71-83.

[2] Arun R, Gregory W. Intelligent Control of Hybrid Electric Vehicles Using GPS Information [C]. SAE Paper, 2002.

[3] 舒红, 高银平, 杨为, 等. 中度混合动力汽车燃油经济性预测控制研究 [J]. 公路交通科技, 2009, V26 (1): 149-158.

[4] Manzie C, Watson H, et al. A Comparison of Fuel Consumption between Hybrid and Intelligent Vehicles During Urban Driving [J]. Proc IMechE Vol 220 Part D: J Automobile Engineering, 2006: 67-76.

[5] 胡红斐. 混合动力电动汽车匹配与控制策略优化研究 [D]. 广州: 华南理工大学, 2006.

第 8 章

燃料电池城市客车整车集成与安全技术研究

本章针对燃料电池客车动力系统特性，研究驱动燃料电池系统、动力电池系统、DC/DC、驱动电机系统、转向电机系统、高压配电系统等关键零部件的模块化与高集成度设计方法。针对燃料电池客车整车结构特性，研究燃料电池客车新结构、新材料、新工艺等车身结构减重方法，实现整车轻量化。

针对氢气特性，研究过压、过温、泄漏、聚集、失火等氢安全主被动防护技术，开发氢安全预警与分级控制方法；研究了高压配电技术、实时监测与预警技术、高压防护技术，实现对整车电气网络的安全预警与实时控制；重点关注车身结构碰撞安全性，优化整车结构，保证整车结构安全；提出整车氢-电-结构耦合安全性综合管理和互锁控制技术，提升整车安全性。

8.1 整车集成技术

8.1.1 整车总布置

燃料电池城市客车是在成熟纯电动客车平台基础上，增加 30kW 燃料电池系统和 64.5kW·h 的动力电池系统、氢系统（8×140L），燃料电池系统专用升压 DC/DC 变换器，整车配置表如表 8-1 所示。

表 8-1 12m 整车基础配置

项目	标准配置
造型	前 BRT 后飞鹰
燃料电池系统	燃料电池发动机（Hydrogenics 公司 30kW）；燃料电池散热系统（顶置）
氢系统	8×140L，35MPa 储氢瓶
动力电池/电容	锂离子电池
驱动电机系统	三相永磁同步电机 TZ368XSYTB04
前桥	采埃孚门式前桥
后桥	采埃孚后桥
DC/DC	额定功率 30kW，1 个 3kW 辅助 DC/DC，型号 THQZ3000-27-YT
监控系统	新能源智能监控系统 YT_G2_v01
燃料补给	35MPa 氢气加注插座
悬架系统	空气悬架，前 2 后 4，前悬架带横向稳定杆，筒式液压减震器

续表

项目	标准配置
轮胎	275/70R22.5，无备胎，镁铝车轮
车架形式	全承载，桁架结构，高强度钢减重车架
车身结构	高强度钢减重车身

根据整车总布置设计，开展车身、底盘、电器、舱门、座椅、新能源部分的整车设计，按照设计情况进行整车集成，最后开发出满足动力性需求和市场需求的燃料电池客车，整车总布置如图 8-1 所示。

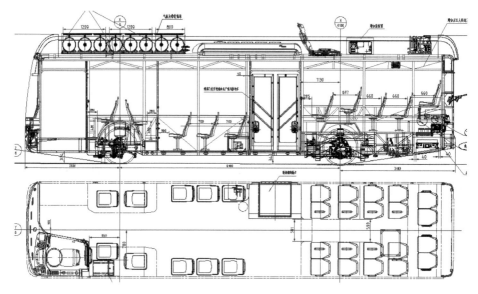

图 8-1 整车总布置设计图

8.1.2 高压集成设计

为提高燃料电池客车电机控制系统的功率密度与安全性，设计了电机控制器、空压机控制、转向控制器、高压配电系统和充电系统集成控制电路，根据设计电路理念，设计了五合一集成式控制器；实现了驱动电机控制器、转向电机控制器、DC/DC、高压配电等关键零部件的模块化与高集成度设计（见图 8-2），大幅提高了电机控制系统的集成度，功率密度由 8kW/L 提高到 18.4kW/L。集成控制器的防护等级达到 IP67 的水平，解决了高压系统的涉水问题，提高了系统运行安全性。

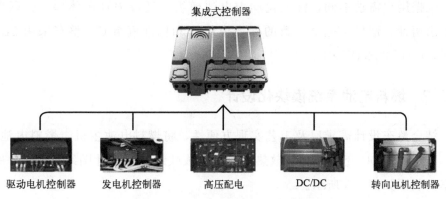

图 8-2 高压集成控制器设计原理图

8.2 整车模块化技术

8.2.1 动力电池模块化设计

结合整车设计需求以及工艺实现方便性,确定电源箱体单箱标准化尺寸,如图 8-3 所示。根据以上箱体标准化尺寸,结合现阶段国内外主流动力电池单体尺寸,设计适配标准箱体的模块化动力电池模组。

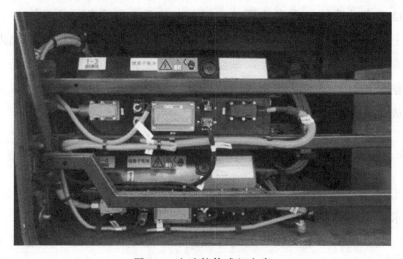

图 8-3 电池箱体成组方案

根据用户需求不同，标准化动力电池模组可通过内部单体串、并联变化，衍生出两种外形尺寸完全一致的标准模组 B 和标准模组 C。整车采用 2B+2C 方案，电量 64.5kW·h。

8.2.2 燃料电池系统模块化设计

结合整车设计需求以及工艺实现方便性，将燃料电池主机、燃料电池散热器、升压 DC/DC 变换器及其散热器进行集成式设计，设计图纸如图 8-4 所示，实车安装图如图 8-5 所示。

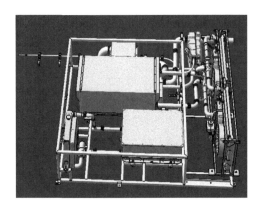
图 8-4 燃料电池系统设计图

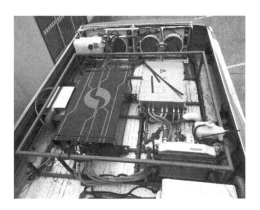
图 8-5 燃料电池系统实物图

燃料电池系统集成式设计具有以下特点：①设计方便。借用纯电动客车平台，增加燃料电池系统集成式模块和氢系统模块，能够快速完成纯电动客车到燃料电池客车的改装。②安装简单。燃料电池系统各零部件固定在燃料电池系统支架上，燃料电池系统支架与整车固定，安装方便。燃料电池系统内部线束等附件直接固定在系统支架上，减少整车设计量。

根据上述燃料电池系统集成化设计，结合纯电动平台，能够实现燃料电池系统集成化，满足燃料电池客车快速设计。

8.2.3 氢系统模块化设计

基于批量化生产和成本控制考虑，对氢系统进行标准化设计和生产，结合整车需求，实现模块化装车。

确定氢系统的标准模块单元为 2 瓶组和 4 瓶组，即每 2 个氢瓶或 4 个氢瓶共用一套支架的结构，模块单元内氢瓶通过管道连接。能够实现 4~10 瓶组组合方案,满足不同续驶里程要求。

基于氢系统模块的标准化设计,可实现大批量生产和安装,有利于降低成本、提高安装效率,满足不同客户和车辆对不同续驶里程的需求。氢系统模组如图8-6所示。

图8-6 氢系统4瓶成组方案

8.3 氢-电-结构耦合安全技术

8.3.1 整车氢安全

基于高压储氢技术、高压供氢技术、氢安全预警与分级控制技术,采用氢气存储监测、供给控制、氢耗量和泄漏探测的集成控制方法,建立了氢安全故障分级、预警及故障诊断和处理方法。

(1)氢系统安全设计

氢气作为最轻的气体,密度仅为空气的7%,在发生泄漏时,氢气将会迅速向上逃逸,不易发生积聚爆炸,在敞开环境具有较高的安全性。

燃料电池车载储氢气瓶选用北京科泰克公司生产的铝合金内胆碳纤维缠绕Ⅲ类复合氢气瓶,采用国际公认的气瓶生产专用铝合金6061制作内胆,压力加工和机械加工性能好;日本东丽公司生产的T700进口碳纤维作为复合层，具有低密度、高强度、高模量、抗化学腐蚀、高热导率、低热膨胀的特点。

复合气瓶的最大特点是安全性，其失效形式是只泄不爆。同时，高压储氢气瓶经过了火烧、枪击、高空坠落、碰撞、疲劳强度循环等一系列严苛的试验来验证其安全性，如图 8-7 和图 8-8 所示。储氢气瓶出厂试验压力达到 52.5MPa，远高于其工作压力 35MPa。

图 8-7　复合气瓶火烧试验

图 8-8　复合气瓶枪击试验

氢系统设计集成遵循五大设计原则：第一，安全至上原则。凡是不能满足安全需要的设计方案均不能实施。第二，失效安全原则。当任何一个零部件出现故障时，系统都是安全的。第三，最简化原则。在满足功能需求前提下，简化系统，减小系统故障率。第四，区域布置原则。系统零部件集中布置，并根据压力等级进行分区域布置。第五，氢电隔离原则。将氢系统与电气系统进行有效隔离。具体设计原理如图 8-9 所示。

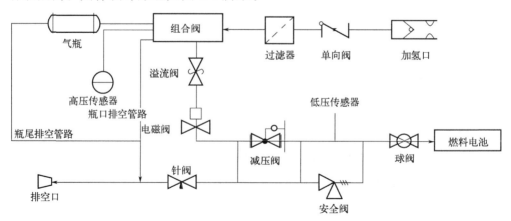

图 8-9　氢系统设计原理图

此外,在具体安全措施方面,设置有防过压、防过温、防泄漏、防氢气积聚和防点火源等主动安全措施,以及针对火灾情况、碰撞情况和外力拖拽等情况的被动安全措施。氢系统装车之后,须按照氢系统相关标准对储氢气瓶和供给管路进行保压试验,试验合格后,依次使用氮气和氢气对氢系统进行气体置换,保证氢系统内不遗留空气。

(2) 整车氢安全设计

燃料电池客车整车设置 4 个氢气泄漏探测器(乘客舱、燃料电池舱、加氢舱、氢瓶舱),在整车运行过程中实时监测整车环境的氢气浓度。氢气泄漏探测器将氢气泄漏报警状态分为两级,1 级报警氢气浓度阈值为 2×10^{-2},2 级报警氢气浓度阈值为 1.6×10^{-2}。氢气浓度传感器如图 8-10 和图 8-11 所示。

图 8-10 加氢口氢气浓度传感器

图 8-11 乘客舱氢气浓度传感器

车辆运行过程中,氢系统控制器、燃料电池系统控制器、整车控制器同时对车辆的氢安全状态进行实时监控。其中,氢系统控制器主要监控储氢系统的瓶口温度、压力及氢气易泄漏区域的氢气浓度数据;燃料电池控制器主要对燃料电池系统本身的氢气浓度信息、自身运行状态进行监控;整车控制器主要对整车辆本身出现的严重报警信息(包含碰撞传感器报警、加氢舱舱门开启信号)进行监控,当氢系统、燃料电池系统或整车出现故障时,保证切断氢气供给。详细控制流程如图 8-12 所示。

8.3.2 整车电安全

整车电安全设计包括了对燃料电池客车产生重大安全影响的各个环节,形成整车电安全多重预警体系,发生危险时将故障位置屏蔽、隔离,不至于传导引发二次故障。其中,燃料电池冷却水中的离子对车辆绝缘的影响、电气系统

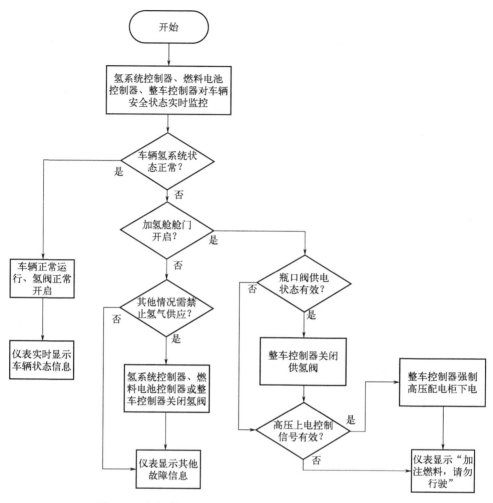

图 8-12 氢气供应及燃料加注过程的整车控制策略流程图

安全性、电池安全性以及整车碰撞和火灾安全性等方面,达到产品化水平,设计出燃料电池客车独有的车载高压电安全预警系统[1]。建立基于漏电检测的高压系统安全管理与整车动力系统协同控制,设置碰撞传感器和相应的紧急自动处理措施和紧急避险预案,包括自动处理如电气失火、车辆严重漏电、车辆发生碰撞等紧急情况,完成向驾驶员报警、切断主电路、关停燃料电池系统、切断氢燃料供应、自动灭火、高压分离成低压的动作。整车电安全具体如图 8-13 所示。

另外,针对高、低压原理进行重点校核,确保每一个分路均有适合的熔断器保护线束,防止烧线事故发生;高低压原理图完全做到每路均有保险,对于有必要的器件,将采用继电器和保险的双重保护。

整车高压配电系统自锁、互锁设计。优化整车上下电逻辑,降低维修人员

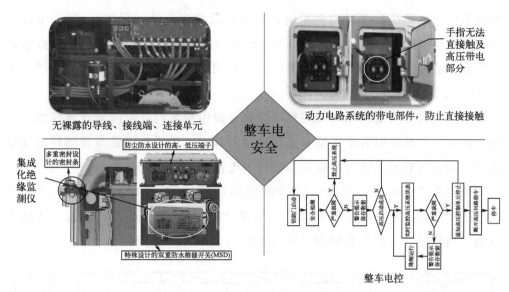

图 8-13 燃料电池客车整车电安全

和司机误操作的可能性，在保证整车所有部件必需控制要求下，尽量优化上电逻辑和司机误操作的发生。

建立基于漏电检测的高压系统安全管理与整车动力系统。在车载高压电器系统的安全防护中，电击的防护直接关系到乘客和设备的安全，在车辆正常运行或在涉水、颠簸等特殊环境下，通过在线漏电监测系统不间断地实时监测高电压设备的绝缘状态，对人体构成危险之前立即切断电源，起到防止电击、保护设备和人身安全的作用。车辆安装的绝缘电阻值监测系统设有两级独立的预警方式，当下列情况发生时触发报警系统：

① 暴雨、车辆涉水或受潮后引起的电绝缘下降；
② 燃料电池组制冷剂的劣化导致电绝缘性下降；
③ 车辆电气系统故障或老化引起的电绝缘下降；
④ 车辆受到碰撞或火灾时电绝缘被破坏。

绝缘监测设有两级独立的预警方式，以加强系统的可靠性。

为了更加可靠地保证在停车状态下整车高压完全切断，动力电池控制器（BMS）上还设计安装了两个高压快断器，用以切断动力电池和燃料电池的总输出，保证整车高压电安全。

8.3.3 整车结构安全

对 12m 燃料电池客车产品进行分析，相对传统车，供给系统调整为燃料电池系统（氢系统及燃料电池系统，顶置）及动力电池（后置），驱动模式为传统纯电动电机驱动；后桥采用德国 ZF 公司偏置桥（一种轮边电驱桥技术），并综合电池布置方式，车架后段模块为全新结构，整车骨架进行计算机辅助工程（CAE）结构分析，结构优化。

左右侧围骨架结构相对较完整，右侧开前中乘客门，中门前开氢气加气面板；从前门上顶盖向后布置整套氢气瓶（803kg），后桥上顶盖布置燃料电池系统（140kg），后五人椅对应顶盖布置燃料电池散热系统（120kg）。

车架前段、前桥、中段、后桥均采用成熟结构，中段车架主纵梁采用 120mm×60mm×3.0mm 高强度钢，后段布置驱动电机（370kg）及 4 块动力电池（730kg）。车辆左右侧围关键应力点分布如图 8-14 所示。

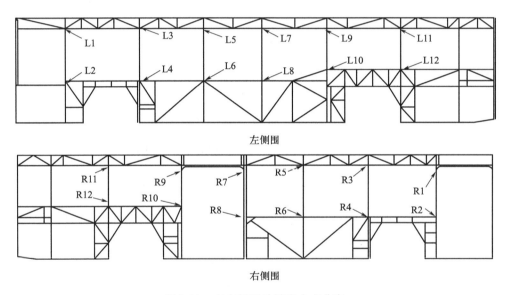

图 8-14 左右侧围关键应力点分布

通过对右侧围骨架、顶盖骨架、后桥和后段车架、左右侧围关键应力点分布进行分析，顶置氢气瓶及燃料电池系统在优化状态下最大变形 2.32mm（＜3.5mm），大顶刚度合格；顶置氢气瓶及燃料电池系统在优化状态下最高限值 31.2MPa（＜40MPa），局部强度满足评价标准。

另外，新开发了多功能一体化的动力电池防护装置，氢系统下部布置要考虑氢系统安全防护装置，有效避免燃料电池客车出现侧翻、碰撞等意外情况时氢泄漏、燃烧等安全事故的发生，如图 8-15 和图 8-16 所示。

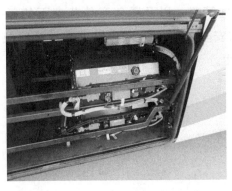 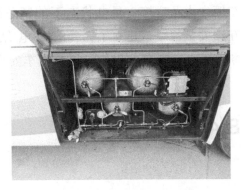

图 8-15　动力电池结构安全设计　　　　图 8-16　氢系统结构安全设计

8.3.4　氢-电-结构耦合安全设计

针对燃料电池客车氢-电-结构耦合的特点,通过失效模式分析方法,设计了氢-电互锁、电-结构耦合安全的理念;当舱门打开时,舱门信号继电器无法闭合,整车高压继电器也就无法工作,从而实现对高压的互锁;整车发生碰撞时,整车高压继电器断开,无法工作,整车高压下电;在加氢的过程中,外接充电也是无效的,这些氢-电-结构安全措施都已应用到实车上,来保证整车核心零部件的安全性能。整车氢-电-结构耦合控制如图 8-17 所示。

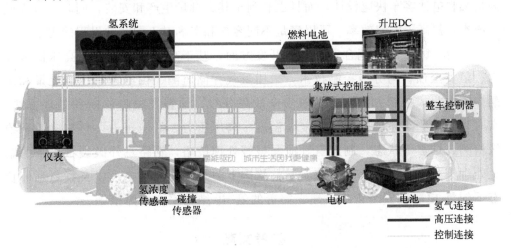

图 8-17　整车氢-电-结构耦合安全示意图

基于整车氢-电-结构耦合安全性综合管理和互锁控制技术,实时采集监测氢系统的氢气浓度及温度、高压压力、低压压力,整车碰撞和绝缘检测、烟雾等状态,制定氢气泄漏报警处理策略,管路意外破裂状态下的紧急处理策略,车辆失火及碰撞、漏电状态下的紧急处理策略,以及紧急意外状态下的氢-电互锁安全策略,建立了完善的氢-电-结构安全保障措施,确保出现意外时及时断高压电、断氢气供给,提升整车安全性。

8.4 总结与展望

本章重点对燃料电池客车的整车集成及安全技术进行了研究,具体内容如下:

① 在整车集成方面,采用集成式设计方案,集成电机控制器、高压配电柜、助力转向控制器、DC/DC、空压机控制器等关键零部件;采用铸模设计方案,采用高可靠性的防水接插件及耐高温、耐老化、耐盐雾腐蚀的硅橡胶密封圈对控制器进行密封设计,并增加单向透气阀,提高控制器高低温环境适应性,提高高压系统的 IP 防护等级。

② 结合整车需求,通过对动力电池、燃料电池系统以及氢系统进行优化设计,实现了燃料电池系统集成化、动力电池系统及氢系统模块的标准化,不仅满足燃料电池客车快速设计,而且也有利于其大批量生产和安装,同时,也降低了成本,提高了安装效率,可以满足不同客户和车辆对不同续驶里程的需求。

③ 在氢-电-结构耦合安全技术开发方面,基于高压储氢技术、高压供氢技术、氢安全预警与分级控制技术,采用氢气存储监测、供给控制、氢耗量和泄漏探测的集成控制方法,建立氢安全故障分级、预警及故障诊断和处理方法;实时采集监测氢系统的氢气浓度及温度、高压压力、低压压力,整车碰撞和绝缘检测、烟雾等状态,制定氢气泄漏报警处理策略,管路意外破裂状态下的紧急处理策略,车辆失火及碰撞、漏电状态下的紧急处理策略,以及紧急意外状态下的氢-电联动安全策略,建立完善的氢-电-结构安全保障措施。

参考文献

[1] 全书海,曾卫,陈启宏.燃料电池电动汽车供氢系统的设计与实现[C]//中国可再生能源学会氢能专业委员会.第七届全国氢能学术会议论文集.武汉:武汉理工大学自动化学院,2006.

第 9 章

燃料电池城市客车硬件在环仿真试验及台架测试

本章针对燃料电池城市客车特性，综合考虑燃料电池性能衰减、总线电压对电机稳态转矩和稳态效率的影响、DC/DC效率以及电压控制与电流控制的动态延时和动力电池内阻，在此基础上进行硬件在环仿真试验，并通过仿真试验结果对燃料电池城市客车的动力系统、燃料电池系统及整车动力系统进行测试验证。

9.1 燃料电池城市客车硬件在环仿真试验

图9-1为燃料电池混合动力系统动态模型示意图。首先根据实际车速和目标车速，由司机模型计算出踏板开度。根据实际车速、踏板开度得到电机目标驱动、制动转矩。由电机目标转矩和实际车速可以计算电机目标功率。能量管理模块结合电机目标功率、动力电池SOC等计算DC/DC目标电流。根据DC/DC目标电流、总线电压和燃料电池输出功率限制计算DC/DC实际输出电流和实际输出功率。而后通过DC/DC实际输出功率计算燃料电池实际输出功率，进而计算燃料电池电堆电压、电堆电流和燃料电池总瞬时氢气消耗。DC/DC实际输出功率、系统总输出功率决定了动力电池输出功率，进而根据Rint模型计算动力电池输出电流、SOC和总线电压。

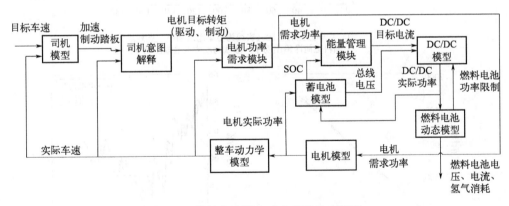

图9-1 燃料电池混合动力系统动态模型

在只需研究系统能量分配情况下，上述模型可简化为图9-2。

（1）仿真结果与实验数据之对比

为验证模型的正确性，对比研究了无制动回馈时的理论计算和实测数据，

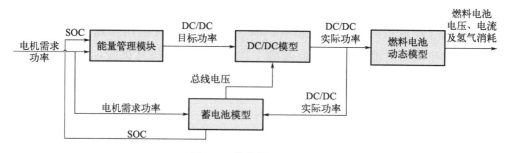

图 9-2 简化模型示意图

图 9-3 给出了其中一段结果。加载时,燃料电池输出功率受 DC/DC 限制缓慢增长,动态加载功率由动力电池提供;减载时,燃料电池输出功率缓慢下降,动力电池充电,补充加载过程中的电量损失,如图 9-3(a)所示。由于司机仿真模型与司机实际行为存在较大差距,整车需求功率的仿真结果与实

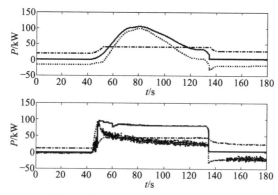

(a) 功率分配的对比(实线为整车需求功率,点划线为燃料电池净输出功率,虚线为动力电池输出功率)

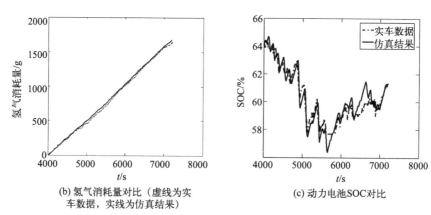

(b) 氢气消耗量对比(虚线为实车数据,实线为仿真结果)

(c) 动力电池SOC对比

图 9-3 仿真结果与实验数据的对比(无制动能量回馈)

车数据差别较大。但这种差别并不影响长时间尺度内的能量管理算法的仿真结果。车辆运行过程中氢气消耗基本呈线性上升,如图 9-3(b)所示。动力电池在整个过程中先放电后充电,SOC 先降后升,如图 9-3(c)所示。除了整车需求功率误差外,氢气消耗与 SOC 的相对误差小于 5%,验证了本模型的有效性。

(2)燃料电池性能衰退对整车性能和能量管理算法的影响

随着燃料电池的性能衰退,动力电池将输出更多能量以平衡整车能量需求,从而导致动力电池亏电,总线电压过低,影响整车动力性、经济性。为适应燃料电池的性能衰退,需要对能量管理算法加以调整。式(9-1)给出了两种控制策略。P_{bat}^* 为动力电池目标功率。两者的主要区别在于 SOC 目标平衡点不同,策略 1 为 65%,策略 2 为 80%。

$$P_{\text{bat}}^* = \begin{cases} 110\text{SOC} - 72(\text{kW}), \text{策略 1} \\ 90\text{SOC} - 72(\text{kW}), \text{策略 2} \end{cases} \quad (9-1)$$

图 9-4 对比分析了同一加速-减速-怠速过程中动力电池 SOC 的变化情况。采用策略 1 时,燃料电池性能衰退前动力电池 SOC 终值为 71%;性能衰退后 SOC 终值为 60%。改用策略 2 后,SOC 终值上升至 64.2%。说明燃料电池性能衰退导致动力电池亏电,但通过调整能量管理策略,提高动力电池 SOC 目标平衡点可以弥补动力电池 SOC 的部分损失。

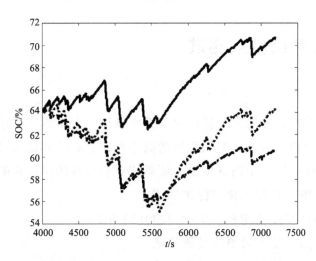

图 9-4 燃料电池性能衰退和能量管理算法对动力电池 SOC 的影响
(实线为策略 1 在性能衰退前的效果,点划线为策略 1 在性能衰退后的效果,虚线为策略 2 在性能衰退后的效果)

图 9-5 给出了同一加速-减速-怠速过程中的功率分配情况。整车需求功率在三种情况下都保持不变。燃料电池性能衰退导致最大输出功率受限，在大负荷工况下动力电池输出功率增多，导致其 SOC 降低。调整控制策略后，在部分负荷特别是怠速工况下燃料电池输出功率增加，从而部分弥补动力电池的电量损失。

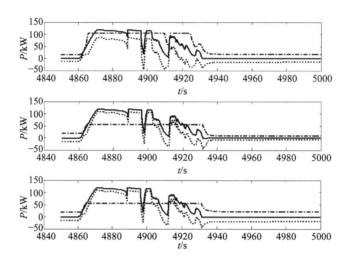

图 9-5 燃料电池性能衰退和能量管理算法对功率分配的影响
从上至下依次为：策略 1，衰退前；策略 1，衰退后；策略 2，衰退后。
实线为整车需求功率，点划线为燃料电池净输出功率，
虚线为动力电池输出功率

9.2 动力系统台架测试

动力系统的调试主要为高低压电气系统调试，包括电气系统逻辑结构的验证、电气布线合理的验证、电气系统的时序控制逻辑的测试以及电气安全指标的设定等[1]。高低压系统调试主要验证系统对各部件的保护功能：

① 系统上电逻辑的优化和保护回路。
② 高压插件互锁功能和高压舱门的互锁功能。
③ 高压动力系统实时绝缘监测功能。
④ 高压动力系统漏电电流监测功能。
⑤ 碰撞传感器对整车的保护功能。
⑥ 高压手动隔离和继电器通断及过流保护功能。

9.2.1 高低压系统上电逻辑调试

高低压系统工作拓扑示意图如图 9-6 所示。

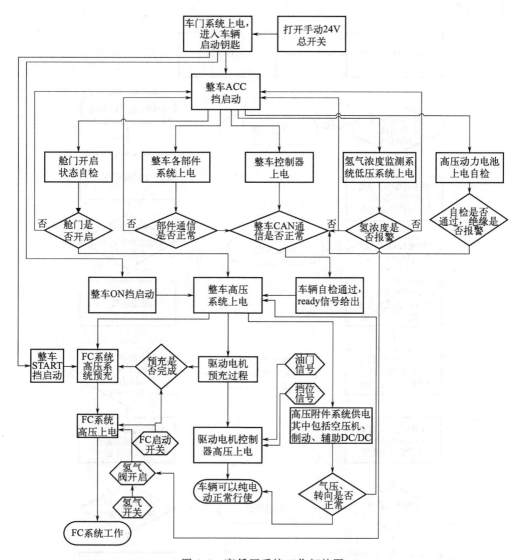

图 9-6 高低压系统工作拓扑图

9.2.2 预充电上电逻辑调试

预充电工作逻辑图如图 9-7 所示,需要特别注意的是:

① 不能出现预充接触器没有闭合,直接闭合主接触器的情况。

② 由于两个预充电路共用一个预充电阻，所以不能出现其中一个预充接触器未断开，另外一个预充接触器闭合的现象。

③ 在不能判断上电逻辑是否正常的情况，禁止在高压的情况下验证逻辑的正确性。

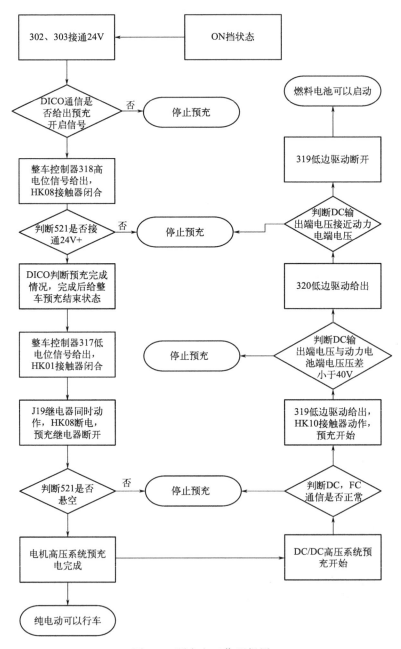

图 9-7 预充电工作逻辑图

9.2.3　高低压系统的绝缘耐压测试

本实验高低压系统的绝缘耐压测试标准主要为 GB 18384—2020《电动汽车安全要求》和 GB/T 18488—2024《无轨电车试验方法》。

(1) 高压部件测试

① 整车耐压试验是检查性能试验，所有试验相关设备安装、连接完毕后，下述每个回路应分别单独试验。

② 设备耐压试验是检查所有高压接线部位与其金属机壳或框架间的耐压性能。

③ 可能受到损坏的电子、电气设备，在试验时可以不接入或予以短路。

④ 低压设备或回路在试验时可以不接入。

⑤ 试验电源的电压应为正弦波，频率在 45~62Hz 之间，当其高压输出端短路时，电流不应小于 0.5A。

⑥ 试验电压以有效值表示，施加试验电压时间为 1min。

⑦ 试验时应从小于 0.5 倍试验电压开始，以约 5s 时间逐步升至规定值，然后持续 1min。

⑧ 施压结束后，应避免突然中断电压。

⑨ 试验期间应采取预防措施，以避免由于电容或电感效应而可能在某处出现的异常电压。

⑩ 耐压试验的部位及试验电压值如表 9-1 所示。

表 9-1　耐压试验列表

项目	耐压试验部位	试验电压/V
设备	额定工作电压 U_e 为 600V 的电气设备的基本绝缘（设备导电部分与其金属机壳或框架之间）	$2U_e+1000$
高压电缆	额定工作电压 U_e 为 600V 的电缆，当其连接的电气设备安装完毕后，电缆导电部位与车身金属之间	$0.85^x \times (2U_e+1000)$
整车	高压电气系统的导电部分与车身之间	3500

注：动力蓄电池、氢气系统作为燃料电池储能单元不接入耐压试验。

(2) 整车高压绝缘测试

本实验依据 GB/T 18384.1—2020《电动汽车 安全要求 第 1 部分：车载储

能装置》、GB/T 18384.3—2020《电动汽车 安全要求 第3部分：人员触电防护》进行，如表9-2所示。

表9-2 绝缘电阻的要求　　　　　　　　　　　单位：kΩ/V

设备	测量阶段最小瞬间绝缘电阻	测量阶段计算的最小绝缘电阻
Ⅰ类	0.1	1
Ⅱ类	0.5	5

注：绝缘电阻按照设备的标称电压计算。

整车绝缘测试结果，在不启动FC的情况，整车绝缘显示为>10MΩ。当启动燃料电池后整车绝缘阻值在350kΩ。

9.3 燃料电池系统测试

9.3.1 燃料电池系统试验室建设

燃料电池系统试验室包含燃料电池系统试验台、水电解制氢设备和试验室防爆设施。该100kW燃料电池发动机测试系统由电源模块、负载模块、采集模块、控制系统等组成，能够模拟车用工况，对燃料电池系统进行控制和测试，具有燃料电池系统控制检测，物料数据采集（氢），运行参数采集，数据分析等功能，系统测试平台布局图见图9-8。

燃料电池试验室水电解制氢设备（图9-9）主要满足燃料电池系统及氢系统零部件测试用氢需求。该设备主要包括：$10m^3/h$水电解制氢设备；中、低压氢气供给系统；泄漏监测系统、视频监控系统。目前该设备可以稳定地提供$10m^3/h$的氢气，电解槽和水电解制氢设备技术参数均达到项目要求。

9.3.2 燃料电池系统测试

对燃料电池系统进行综合性能测试，考核燃料电池发动机伏安特性、稳定性、绝缘性等参数，更好地为整车匹配提供技术支撑，如图9-10和图9-11所示。

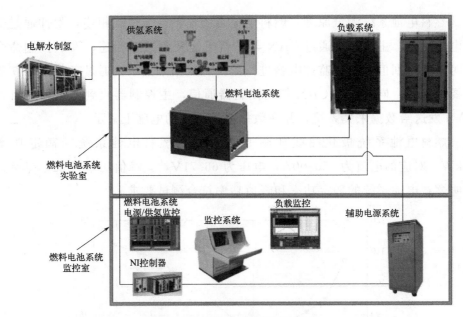

图 9-8 燃料电池系统测试布局图

图 9-9 水电解制氢设备

图 9-10 燃料电池系统测试

图 9-11 绝缘电阻测量

燃料电池系统测试原理：燃料电池系统输出端与负载相连，附件通过低压配电柜供电，主控制器通过 CAN 与燃料电池及散热器相连，发送控制命令的同时接收返回值，通过监控电脑进行监控，数据采集系统通过各传感器获得所需要的信号，同时通过 CAN 与主控制器通信，主控制器收到的返回值可通过 CAN 发送给数据采集系统，并在数据采集系统的电脑上显示。

燃料电池系统极化曲线如图 9-12 所示。燃料电池系统的额定功率为 30kW，对应的电流为 450.00A，电压为 66.71V，其峰值功率为 32.50kW。这表明燃料电池系统的额定功率和峰值功率符合测试要求。

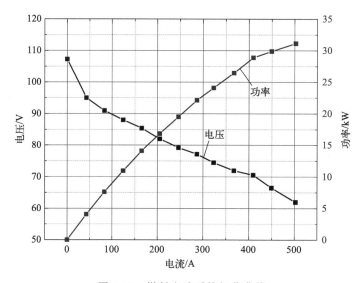

图 9-12　燃料电池系统极化曲线

9.4　整车动力系统测试

燃料电池混合动力系统试验平台由四个子系统组成：燃料电池混合动力系统、燃料电池混合动力负载系统、燃料电池混合动力试验控制系统和燃料电池混合动力测试系统。对燃料电池系统、升压 DC/DC 变换器、动力电池系统、电机和电机控制器进行联调试验，重点考核燃料电池系统、动力电池系统以及升压 DC/DC 变换器的功能和匹配性。

燃料电池混合动力负载系统为试验动力系统提供负载，在试验过程中负责对车用驾驶循环工况进行模拟，同时对燃料电池混合动力系统进行加载。这些功能主要是通过测功机系统来完成的。AVL 交流电力测功机系统是传统发动机动态试验台的核心，它包括硬件设备和软件设备两部分。硬件设备为 AVL 交流电力测功机以及它的信号采集和调理单元；软件部分为 PUMA 控制系统，利用该系统控制和辅助交流测功机的运行，可以实现驾驶员模拟、车辆和路况模拟，进而实现驾驶循环模拟等。这些功能的实现对于全面考核车辆动力系统的性能至关重要。AVL 交流电力测功机、PUMA 控制系统以及其他外围设备构成了燃料电池混合动力的负载系统。

　　混合动力试验控制系统也就是燃料电池汽车的整车控制器，是整个混合动力系统的控制中枢，它接收"驾驶员"的驾驶意图信号（启动信号、加速信号、换挡信号、制动信号、停车信号等），并结合动力系统中每个部件的工作状况（主要是电机转速和转矩、动力电池 SOC 以及燃料电池的电流和电压等）将其转换成针对各个部件的控制指令，以控制和调整整个动力系统的运行状况，使其满足"驾驶员"的驾驶意图。

　　燃料电池混合动力测试系统的任务是采集试验过程中的各种有用的信号，并且对这些信号进行处理、监视和记录[2]。燃料电池混合动力测试系统与其他的三个子系统之间是数据、信号和运行状态的采集和被采集的关系，它的工作只是对其他三个子系统的工作情况进行采集、监视和记录，而不会对其他三个子系统的工作发生任何影响。四个子系统功能之间的这种关系使得试验平台具备了功能上的完整性。试验实车线路采集路谱如图 9-13 所示。

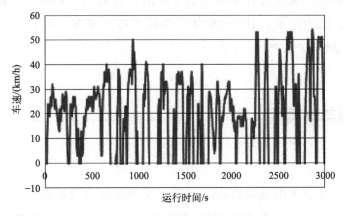

图 9-13　实车线路采集的路谱

按照实际采集的工况进行连续运行。在联调测试过程中，记录动力电池、燃料电池、DC/DC、电机运行主要参数，并对运行中的部分数据进行分析，其中动力系统功率曲线如图 9-14 所示。

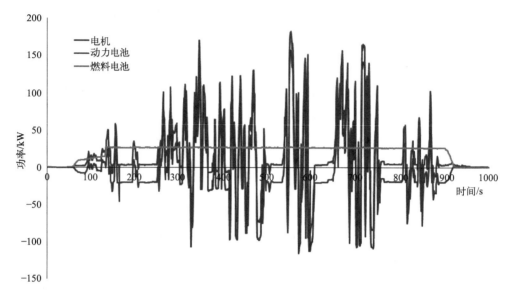

图 9-14　燃料电池客车动力系统功率曲线图

从测试数据中可以看出，在运行过程中，电机最大输出功率约为 190kW，且大功率运行的频率很高，燃料电池基本运行在 30kW 左右，动力电池输出功率波动较大，表明了动力电池良好的充放电性能及在车辆上的适应能力。在运行过程中，动力电池 SOC 一直呈下降趋势，这主要是由于运行工况功率需求较大，燃料电池不能完全补充动力电池所消耗的电能。同时，从数据中也可以看出，电机、动力电池、升压 DC/DC 变换器电压基本一致，表明了各系统数据测定的可靠性。

9.5　总结与展望

本章主要对燃料电池城市客车进行了硬件在环仿真试验，并对燃料电池城市客车的动力系统、燃料电池系统及整车动力系统进行测试验证，具体结果如下：

① 燃料电池城市客车硬件在环仿真试验结果表明，试验结果与计算机仿真结果基本一致，开发的硬件在环仿真系统试验平台基本满足功能需求，验证了模型的有效性。

② 基于燃料电池客车动力系统特性模拟仿真，建立动力系统性能测试与验证试验台架，加载不同工况数据，开展动力系统的动力性和经济性试验，进行燃料电池系统、整车动力系统的标定和优化，并开展联合调试试验，验证动力系统的动力性和经济性，结果表明，燃料电池系统的额定功率和峰值功率符合测试要求，并且电机、动力电池、升压 DC/DC 变换器电压基本一致，各系统匹配良好，可靠性高。

参考文献

[1] Je S, Jo S, Park Y. Multi-Mode Driving Control of a Parallel Hybrid Electric Vehicle Using Driving Pattern Recognition [J]. ASME：Journal of Dynamic Systems，2002，V124（11）：141-149.

[2] Yasuhiro Y, Shinji I, et al. Driving Pattern Prediction for an Energy Management System of Hybrid Electric Vehicles in a Specific Driving Course [C]. Proceeding of The 30th Annual Conference of the IEEE Industrial Electronics Society, Nov，2004：1727-1732.

第 10 章

燃料电池城市客车整车测试验证及示范运行

基于第 6 章燃料电池城市客车燃料电池系统和动力系统特性的模拟仿真，开展整车性能试验，验证动力系统的动力性和经济性；通过整车 CAN 网络与车联网平台，实时记录燃料电池、动力电池、驱动电机、氢系统等关键零部件的运行状态信息和故障信息，并实施远程监控，提高燃料电池客车行驶安全性[1]，同时建立燃料电池客车运行状态数据库和故障诊断数据库；将燃料电池客车在郑州实际公交线路开展示范运行，深入分析燃料电池客车示范应用情况，包括燃料电池客车主要运行数据（典型运行工况、平均车速、日运行里程、燃料消耗、燃料电池负荷及工作时间等）；提炼出燃料电池和燃料电池客车的可靠性、维修、运行等有效数据，为后期的燃料电池客车优化设计、示范运行提供有效的参考依据。

10.1 整车性能测试

10.1.1 整车氢系统气密性

为保证车载氢系统的安全性，需要对装车的氢系统管路气密性做保压试验。首先，将整车与氦气瓶通过加氢枪连接，检查管路连接；在氢系统管路中通入氦气，通过增压机，压缩空气为驱动气体，将氦气增压至 38MPa；保压 12h，记录管路中的压力值，压力变化在 10% 以内为合格。打开放空阀，放出管路中的氦气值略高于常压。完成氢系统气密性试验，整车氢系统符合要求，测试如图 10-1 所示。

燃料电池客车氢系统管路气密性验证合格，将整车与加氢站通过加氢枪连接，检查管路连接；使用加氢枪给氢气罐充气至压力为 10MPa，放空；重复加氢，放空，置换 3 次，完成氢气置换。

10.1.2 整车电平衡测试

现对样车开展在急速工况和 CCBC 工况（模拟夏季雨夜环境使用条件）下低压电器系统电平衡测试，评价样车低压电器系统电平衡是否符合要求，整车电平衡测试及评价结果如表 10-1 所示。

图 10-1　整车氢系统保压试验

表 10-1　电平衡客观评价结果

评价项目	评价标准	测试结果	评价结果
怠速工况	动力电池 SOC 变化率＞5% 动力电池平均电压值＞25.6V	动力电池 SOC 变化率 12.92% 动力电池平均电压值为 26.92V	合格
CCBC 工况	动力电池 SOC 变化率＞7% 动力电池平均电压值＞25.6V	动力电池 SOC 变化率为 11.82% 动力电池平均电压值为 26.87V	合格

燃料电池客车 ZK6125FCEVG2 怠速工况电平衡测试，动力电池 SOC 变化率为 12.92%，动力电池平均电压值为 26.92V；CCBC 工况电平衡测试，动力电池 SOC 变化率为 11.82%，动力电池平均电压值为 26.87V。电平衡测试结果满足评价标准要求。

10.2　远程监控系统

10.2.1　监控平台总体架构

监控系统分为感知层、接入服务层、核心服务层、应用层、用户层几大部分[2-8]。感知层的车载终端负责采集车辆信息，通过接入服务接入燃料电池车辆智能监控系统；智能监控系统的核心服务层和接入服务层起着承上启下的作用，下方接入感知层，获取并处理系统需要的信息，上方提供通用服务接口供应用层调用；用户层的用户访问应用层处理相关业务应用；应用层的扩展应用作为整个系统的外部扩展，通过接入服务层和直接接入感知层构建自己的应用，具有良好的扩展性和通用性。图10-2为监控平台总体架构。

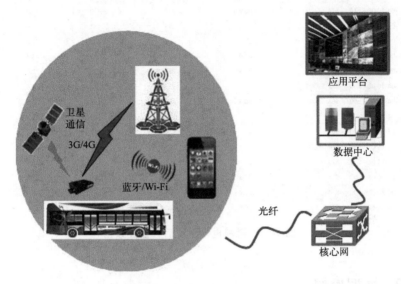

图10-2 监控平台总体架构

监控主机通过CAN总线定时采集燃料电池车的开关量、状态、数据、故障码信息，经过内部计算，将信息通过3G/4G通信网络发送到监控平台，监控平台对接收到的数据进行入库存储并解析。基于已采集数据，可根据客户需求做多种灵活的功能设计。

10.2.2 数据采集和分析管理

数据采集，是指监控主机实时采集燃料电池系统、整车控制器、升压DC/DC变换器、电机控制器等设备的实时信息，如电流、电压、能耗、车速、模式状态（燃料电池状态、燃料电池系统冷却水位状态、燃料电池系统启动状态等）、故障信息等，进行数据本地存储并通过3G/4G通信网络发送到监控平台，在平台上做相应的数据分析[9]。

数据分析管理功能主要包括以下几个方面：对燃料电池客车运行过程中的速度、行驶里程、制动次数、燃料电池系统状态、燃料电池系统冷却水位状态、燃料电池系统启动状态等各参数的统计和分析，相同运行工况即同线路同配置车辆的能耗统计信息及能耗趋势，辅助设计人员进行数据挖掘，使车辆的性能始终处于最佳状态，提高能源利用率[10-13]。图 10-3 为燃料电池系统后台监控数据。

上传时间	非隔离升压DCDC输出电压	FC目标电流	FC最大允许电流	FC当前电流	FC当前电压
2017-04-10 08:41:10	574	30.9	32.5	420	73.8
2017-04-10 08:39:10	560	32.1	33.1	431	74.6
2017-04-10 08:39:30	576	31.7	33.1	432	73.5
2017-04-10 08:39:40	576	31.6	32.8	426	74.3
2017-04-10 08:40:40	575	31.3	32.8	426	73.6
2017-04-10 08:40:50	572	31.1	32.6	422	73.8
2017-04-10 08:41:00	568	30.9	32.6	422	73.6
2017-04-10 08:39:20	584	31.6	32.6	422	74.9
2017-04-10 08:41:20	567	31	32.7	424	73.3
2017-04-10 08:41:30	574	31	32.4	418	74.2
2017-04-10 08:41:40	573	30.9	32.6	421	73.5
2017-04-10 08:41:50	576	30.8	32.5	420	73.5
2017-04-10 08:42:00	574	30.9	32.6	421	73.4
2017-04-10 08:42:10	576	30.8	32.6	421	73.3

图 10-3　燃料电池系统后台监控数据

10.2.3　数据挖掘

数据挖掘分析体现了宇通节能与新能源客车"安全、节能、舒适"的价值理念。该系统包括车况监控、行车记录查询、能耗统计及趋势分析、单车分析报告等几个功能，对新能源燃料电池车辆的燃料电池系统、动力电池、DC/DC、电机系统及整车运行状态等关键参数进行综合分析，生成燃料电池系统数据分析报表、电堆管理系统数据分析报表、氢系统数据分析报表、空气系统数据分析报表、电池管理系统数据分析报表、电机系统数据分析报表、整车状态数据分析报表，支持研发人员进行故障分析和新产品的研发。云平台分析车辆状况、能源消耗记录，通过数据挖掘技术，以节能环保为目标，根据运行路线，规划合理的驱动策略，制定合理的加氢方案。

10.2.4　远程诊断功能

用户可以根据自己的需求选择自己关注的车辆和具体的某些故障信息，可以第一时间知道车辆的运行状况，避免车辆重大故障的发生[14]，将风险降到最小，将成本降到最低，创造更大价值。用户可通过监控平台或手机 APP 使用故障诊断功能。图 10-4 为远程故障诊断系统总体结构。

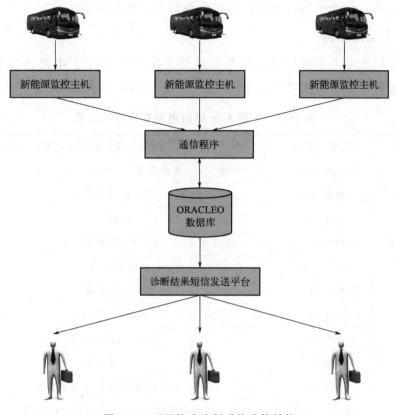

图 10-4 远程故障诊断系统总体结构

监控系统设计以燃料电池车辆管理工作智能化需求为导向，以通用性为原则，满足当前项目和后续项目快速拓展需求，建立了配置可更改、功能可定制、系统平台化的燃料电池车辆监控系统[15]。

10.3 示范运行

10.3.1 运行车辆及运行路线

面对能源和环境的挑战，新能源汽车已成为全球汽车工业发展方向，燃料电池客车作为新兴市场，随着生产和使用的逐步规范，市场需求迅速释放[16]。开展燃料电池客车的示范运行，围绕实车道路环境下的动力性、经济性能否满足用户需求，验证了燃料电池客车示范运行方案的合理性[17]。

(1) 运行车辆

基于以上动力系统技术及整车产品开发技术形成的电-电混合燃料电池客车示范运行样车基本配置如表10-2所示，整车如图10-5所示。

表10-2 宇通12m燃料电池客车基本配置

	车型关键词	12m低入口气囊全承载燃料电池城市公交车		
基本参数	总长/mm	12000	制动距离($v=30$km/h)/m	≤10
	总宽/mm	2550	最小转弯直径/m	≤24
	总高/mm	3400	最小离地间隙/mm	≥115
	车厢内高/mm	>2200	接近角/离去角/(°)	7°/7°
	轴距/mm	6100	总质量/kg	18000
	轮距前/后/mm	2040/1840	整车整备质量/kg	12600
	前悬/后悬/mm	2700/3200	前轴/后轴/kg	6500/11500
	额定载客	82	最高车速/(km/h)	69
混合动力配置	项目	标准配置		
	形式	燃料电池电-电混合动力系统		
	整车控制器	宇通第三代混合动力整车控制器		
	燃料电池系统	Hydrogenics燃料电池系统30kW		
	氢系统	8×140L，35MPa氢瓶		
	动力电池	宁德时代，120A·h/537.6V，64.51kW·h		
	驱动电机系统	三相永磁同步电机 TZ368XSYTB04		
	驱动电机控制器	转矩控制 KTZ52X60SYTB04		
底盘配置	前桥	采埃孚前桥，RL85A，最大负荷7500kg，盘式制动器		
	后桥	采埃孚后桥，AV132，最大负荷13000kg，盘式制动器		
	轮胎	275/70R22.5（米其林），无备胎，镁铝车轮		
	转向系统	电控液压助力转向系统		
	制动系统	气压双回路，前盘后鼓，具有再生制动功能		
	冷却系统	电子风扇冷却系统		

(2) 运行路线

基于宇通自建的加氢站，自2016年12月起，燃料电池客车在其附近公交

图 10-5　宇通 12m 燃料电池客车

线进行示范运行,截至 2017 年 4 月,累计运行里程超过 17000km,无故障里程超过 5000km。

燃料电池客车在宇通十八里河工厂和宇通新能源工厂之间往返运行,全程 23.2km,运行时长约为 60min,共 13 个站点,如图 10-6 所示。

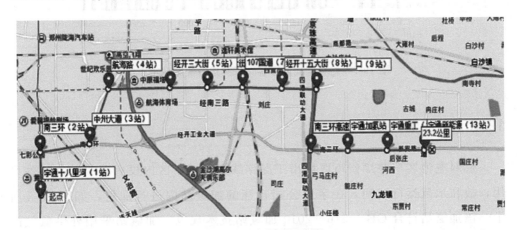

图 10-6　示范运行路线

站点:宇通十八里河(1 站)→南三环(2 站)→中州大道(3 站)→航海路(4 站)→经开三大街(5 站)→经开五大街(5 站)→107 国道(7 站)→经开十五大街(8 站)→航海路高速口(13 站)→南三环高速口(14 站)→宇通加氢站(15 站)→宇通重工(17 站)→宇通新能源(13 站)。

路线:紫荆山南路,南三环,中州大道,经南五路,航海路,前程大道

工况线路较为平坦,坡度在 1.5%～3% 范围内,如表 10-3 所示。其中最大的坡在京港澳高速南三环入口立交桥,坡度约 5%,坡长约 300m。

表 10-3　示范运行工况路线路综合描述表

线路描述	宇通十八里河至宇通新能源			
总里程/km	运行时间/min	平均车速/(km/h)	最高车速/(km/h)	常用车速/(km/h)
25.5	55	28	69	30~40

（3）工况分析

12m 燃料电池城市客车示范运行工况如图 10-7 所示，能够看到，在示范运行期间，初始阶段整车车速较慢；最后阶段整车车速较快。

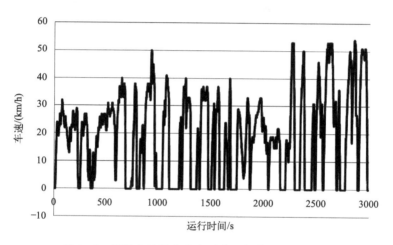

图 10-7　燃料电池城市客车示范运行实际城市工况

10.3.2　加氢方案

燃料电池客车在郑州市区城市工况路线运行，市区内没有现成的加氢站可用，故在示范运行期间，在宇通公司自建的加氢站内进行加氢，如图 10-8 所示，该加氢站符合 GB 50516—2010 加氢站技术规范。加氢站采用外供氢气的方式，通过压缩机给氢气增压，储氢罐存储氢气，35MPa 的氢气加注口对客车加注氢气。加氢站主要设备包括压缩机、储氢设备、氢气加注机等。该加氢站可满足 10 台燃料电池客车加氢的需求。

在示范运行期间，专门由 2 名有充装证的技术人员负责燃料电池客车加氢，保障加氢安全。

图 10-8　宇通 12m 燃料电池客车加氢

10.3.3　示范效果

基于宇通自建的加氢站，自 2016 年 12 月起，燃料电池客车在宇通十八里河和宇通新能源之间进行示范运行，截至 2017 年 4 月，宇通 12m 车累计运行里程超过 17000km，宇通 8m 车累计运行里程超过 6000km，整体情况良好，性能稳定。

燃料电池客车运行的氢耗及对应行驶里程情况，如表 10-4 所示。开空调平均氢耗为 8.3kg/100km，续驶里程为 342km；不开空调平均氢耗为 7.5kg/100km，续驶里程为 381km。

表 10-4　示范运行能耗分析

线路描述	宇通十八里河至宇通新能源				
载荷	氢气压力/MPa	动力电池电量/kW·h	空调	百公里氢耗/(kg/100km)	续驶里程/km
18t	35	64.5	不开	7.5	381
18t	35	64.5	开	8.3	342

10.3.4　动力系统分析与验证

燃料电池城市客车能够利用燃料电池系统给整车提供平均能量，动力电池为整车提供瞬态能量[18]。燃料电池客车示范运行期间，通过监控平台采集了大量的原始数据，对原始数据进行数据挖掘，对今后的研发、生产、运行工作提供改进优化的方向，使示范运行对技术进步起到真正的示范、总结和提高作用。

从图10-9可以看出，燃料电池城市客车工况中车速21～30km/h占26.31%。通过SOC（电池剩余电量与额定容量的比值）的变化，如图10-10所示能够看出，在拥堵路况（宇通十八里河至中原福塔），SOC从70%增长至78%；在半拥堵路况（中原福塔至四港联动），SOC基本稳定在78%；在顺畅路况（四港联动至宇通新能源厂区），SOC从78%下降至70%。但是全路况下，整车SOC基本保持不变，证明此构型燃料电池客车能够满足典型城市公交工况。

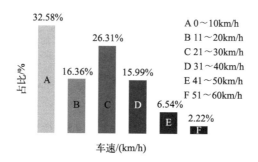

图10-9 燃料电池城市客车车速区间分布

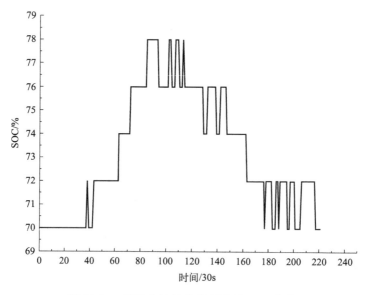

图10-10 燃料电池城市客车运行SOC变化

燃料电池城市客车示范运行期间各关键零部件运行功率如图10-11所示，从数据中可以看出，在运行过程中，电机最大输出功率约为190kW，且大功率运行的频率很高，燃料电池基本运行在30kW左右，动力电池输出功率波动较大，表明了动力电池具有良好的充放电性能及在车辆上的适应能力。

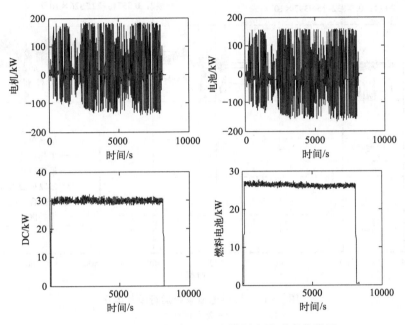

图10-11 电机、电池、DC和燃料电池功率曲线图

10.3.5 燃料电池寿命分析

对额定电流下电堆的稳态性能进行分析，因在310h（3月2日）进行了首次保养（更换空滤等），故将其划分为两个部分（具体数据如图10-12所示）。

保养前电堆电压的衰减率为$-15.94\mu V/h$，保养后电堆衰减率为$22.13\mu V/h$（衰减率为正则说明没有衰减，下同），在维修保养后电堆性能基本可以恢复到390A的起始工作状态，甚至优于起始状态，最低单片电压基本维持略高于0.5V。对3月2日的保养项目进行分析，推断燃料电池性能恢复的主要原因可能是入堆空气质量通过空滤器的更换得到了很大的提高。燃料电池系统稳定运行超过600h，基本无衰减。

对燃料电池系统在额定电流下的电压值进行统计，如图10-13所示。在示范运行期间，燃料电池系统电压稳定在68V左右，1月23日，燃料电池系统长时间持续运行，性能出现波动和下降；1月23日后，燃料电池系统长时间

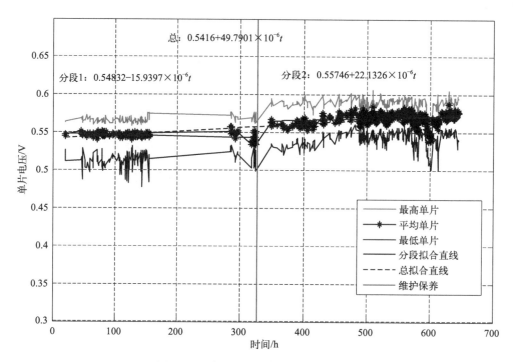

图 10-12　燃料电池系统运行单片电压
t—运行时间

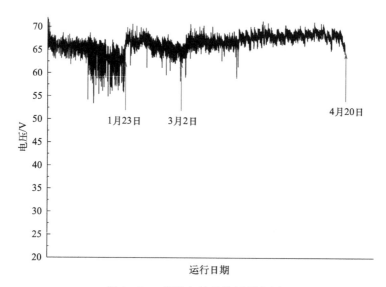

图 10-13　燃料电池系统运行电压

停止工作（过年放假），在2月17日重新启动后，性能出现较大幅度回升，稳定运行一段时间后，性能再次出现下降，3月2日对系统进行维护保养（包含更新空滤器和离子罐），此后，燃料电池系统性能稳定，并呈现逐步上升趋势。

由此可以看出，系统长时间运行，供气系统和冷却系统污染，能够导致燃料电池系统性能下降，并且能够恢复。

对燃料电池系统运行的单片电压进行分析，截至4月17日，系统示范运行平均单片电压约为580mV，而最低单片电压为550mV左右，差值为30mV，能够从一定程度上反映燃料电池系统运行比较稳定。此外，燃料电池系统最低单体号实时发生变化，表明燃料电池系统没有明显的局部受损迹象，详细数据如图10-14所示。

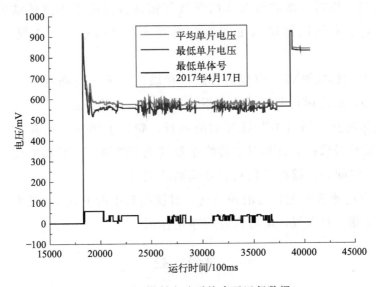

图10-14　燃料电池系统当天运行数据

10.3.6　示范运行综合效益分析

① 良好的社会效益。燃料电池客车可实现零排放，每台燃料电池公交车示范运行每年将为城市减少二氧化碳排放83t，减少氮氧化物0.48t，减少$PM_{2.5}$排放10kg，为城市交通节能减排做出了重要贡献。同时，燃料电池客车是天然的吸霾除尘器，运行时需消耗空气，过滤空气中的$PM_{2.5}$，对大气环境有净化作用，据统计每台燃料电池车每年净化空气量49.3万米^3。

② 带动产业经济发展。通过燃料电池公交车的示范运行，有利于推广燃

料电池公共汽车，提高新能源汽车产业化水平。一方面，掌握和解决燃料电池汽车的关键技术，提高产业化能力，有助于公交系统掌握有价值的经验，建立与燃料电池汽车相关的公共交通政策和规划能力，为燃料电池汽车后续大规模应用奠定技术基础。另一方面，以此为契机招商引资燃料电池产业链相关零部件生产企业，促进本地区经济发展、增加税收和提高就业率。

10.4　总结与展望

① 通过对燃料电池城市客车的氢气气密性以及电平衡测试结果，整车氢系统以及电平衡测试结果满足评价标准要求，可以在城市工况下进行示范运行。

② 针对燃料电池客车构型的特点，在城市工况运行路线上，累计运行超过17000km，示范运行期间无动力系统故障，运行效果良好。

③ 通过在典型城市工况进行示范运行，验证了燃料电池客车能够满足城市工况的运行需求；而且相对于传统车及其他新能源车，燃料电池客车具有零排放、加氢时间短、续驶里程长和效率高的优点。

④ 燃料电池客车运行时消耗空气，过滤空气中的$PM_{2.5}$，是天然的吸霾除尘器和加湿器，对大气环境有良好的净化作用。

参考文献

[1] Reza L, Won J. A Driving Situation Awareness-Based Energy Management Strategy for Parallel Hybrid Vehicles [C]. SAE Paper, 2003.
[2] Yu Q, Yu W, Zhou J, et al. Fuzzy Prediction Control Strategy for Hybrid Electric Vehicle of Energy Hybridization [J]. Journal of System Simulation, 2008, V20 (5): 2416-2422.
[3] Kermani S, Delprat S, Trigui R, et al. Predictive energy management of hybrid vehicle [C]. Vehicle Power and Propulsion Conference, 2008: 1-6.
[4] 罗玉涛, 胡红斐, 沈继军. 混合动力电动汽车行驶工况分析与识别 [J]. 华南理工大学学报, 2007, V35 (6): 8-13.
[5] 刘明辉, 赵子亮, 李骏, 等. 北京城市公交客车循环工况开发 [J]. 汽车工程, 2005, V27 (6): 687-690.
[6] Ericsson E. Urban Driving Patterns-characterisation, Vriability and Evironmental Inplications [D]. Sweden: Lund University, 2000.

[7] GB/T 19754—2021 重型混合动力电动汽车能量消耗量试验方法 [S]. 北京：标准出版社，2021.

[8] 蒲俊，吉家锋，伊良忠. MATLAB 6.0 数学手册 [M]. 上海：浦东电子出版社，2002：201-227.

[9] 徐宗本，柳重堪. 信息工程概论 [M]. 北京：科学出版社，2002：279-289.

[10] Cristian M, Giorgio R, Benedetto S. A-ECMS: An Adaptive Algorithm for Hybrid Electric Vehicle Energy Management [C]. Proceedings of the European Control Conference 2005 Seville, Spain, December 12-15, 2005: 1816-1823.

[11] Montazeri M, Naghizadeh M. Development of car drive cycle for simulation of emission and fuel economy [J]. Proceedings of 15th European simulation symposium, 2003.

[12] Syed F, Filev D, Hao Y. Real Time Advisory System for Fuel Economy Improvement in a Hybrid Electric Vehicle [C]. Fuzzy Information Processing Society, 19-22, May, 2008 (5): 1-6.

[13] 曾光奇，等. 模糊控制理论与工程应用 [M]. 武汉：华中科技大学出版社，2006.

[14] HEEDS Professional Design Optimization Software: HEEDS with ADVISOR [J/OL]. [2007-3-24]. http://www.redcedartech.com/products/heeds_professional.

[15] 丁丽娟. 数值计算方法 [M]. 北京：北京理工大学出版社，2004：104-107.

[16] Bratt H, Ericsson E. Measuring vehicle driving patterns-estimating the influence of different measuring intervals [C]. Urban Transport Systems 2nd KFB Research Conference. Lund, Sweden: 7-8 June, 1999.

[17] Tom C, Reza T. Assessment of Hybrid Configuration and Control Strategies in Planning Future Metropolitan/Urban Transit Systems [R]. US: California State University Long Beach, 2002.

[18] Paganelli G, Guerra T, et al. Simulation and assessment of power control strategies for a parallel hybrid car [J]. Proc Instn Mech Engrs: Part D, 2000, V214: 705-717.

索 引

（按汉语拼音排序）

B

背压阀 036

D

低压线束 040
电堆 015
电堆模块 024
电堆目标电流 134
动力电池系统 106
动力系统 016
动态模型 177

F

发动机 041
仿真结果 177
复合气瓶 168

G

高低压电气系统 123
高频阻抗 014，034
高压电缆 040

H

混合动力系统 017

K

空气系统模型 054
空气轴承 013
空气子系统 024
空压机性能 036

L

冷却系统 039
冷却子系统 024
两级离心式压缩机 013

M

脉冲引射 014
敏感性测试 027

P

喷射器 014

Q

氢气喷射 038
氢气子系统 024
氢系统设计集成 168

R

燃料电池系统 106

S

试验平台 186

T

探测器 169

W

稳态性能 …………………………… 203

X

系统集成 …………………………… 123
响应速度 …………………………… 013

性能衰退 …………………………… 179

Z

整车控制系统 ………………… 018,123
直流-直流变换器 ………………… 016
最小二乘算法 …………………… 049